D0993552

Le Bébé

Marie Darrieussecq

Le Bébé

P.O.L
33, rue Saint-André-des-Arts, Paris 6e

Fais-moi des fils ou j'en mourrai

La Genèse

PREMIER CAHIER

Printemps, été

Ces petits pieds qui gigotent, ils cognaient dans mon ventre.

Je ne peux pas croire qu'il soit sorti de moi.

Un jour un livreur a sonné à ma porte, j'avais un gros ventre, dans le colis il y avait le bébé, et je n'ai plus eu de gros ventre.

Le petit de l'humain : il doit bien avoir quelque chose à chercher, à comprendre là.

C'est une expérience répétitive et décousue, et quand le bébé dort la vie reprend, mais quand il est réveillé c'est sa vie à lui qui domine.

Journées étranges du début, dont j'avais peu entendu parler; peut-être parce que s'y noue une intimité exclusive, le lien, l'asphyxie, le tournis – divisées en six à peu près, ni jour ni nuit, une ou deux heures pour la tétée, le change, le rendormissement, une ou deux heures pour le sommeil, et on recommence.

J'ai cessé de désespérer quand j'ai compris que ce temps-là serait court, qu'il ne durerait pas toute la vie. J'ai cessé de désespérer quand une crèche s'est présentée, elle le prenait en octobre. Le temps se réorganisait autour de cette date : celle où je rejoindrais le monde du dehors. Alors je suis descendue dans ce bain de lait, j'ai clapoté, flotté, je me suis saoulée de ce temps du bébé, parce que plus tard je recommencerais à penser, à écrire, à vivre avec les hommes.

*

Écrire quand il dort.
Ma meilleure amie, enceinte, syllogisant : « Il n'existe pas de droit à la garde

d'enfant, donc les femmes n'ont pas le droit au travail. »

Il s'agite dans son sommeil, et tout de suite, je me lève, cahier ouvert, et je me penche – ce geste – comme un saule, comme un rameur : sa présence est stupéfiante; est incompréhensible.

Regardant les photos de nous, jeunes accouchées, ma meilleure amie et moi : ce sont les photos de nos mères.
Le lit d'hôpital, la fatigue sur le visage, la lumière.
C'est incompréhensible.

*

Avant, ce n'est pas que je n'aimais pas les bébés; c'est qu'ils n'existaient pas. Il n'y avait aucun lien, aucun rapport entre eux et moi. Un enfant, j'en voulais bien un, un jour. Le mot « bébé », mièvre et redondant, frappait d'invalidité tout ce qui s'y référait; le sujet me paraissait mineur.
Aujourd'hui je conçois qu'on ne s'inté-

13

resse pas à lui, au bébé ; mais cette indifférence me paraît affectée, elle n'est pas sérieuse. Mon traducteur allemand m'a téléphoné peu après sa naissance. Des félicitations – nounours, lapins, cœurs et rubans – j'en avais reçu de plusieurs pays ; ce traducteur, lui, malgré mes allusions, ne voulait parler que travail.

Je le trouvais comique, un peu dérangé d'esprit.

C'est à cette obstination de certains qu'a tenu, pendant cette période, mon équilibre mental.

Le bébé m'empêche d'écrire, en se réveillant.

Dans *La Femme gelée*, Annie Ernaux écrit : « Deux années, à la fleur de l'âge, toute la liberté de ma vie s'est résumée dans le suspense d'un sommeil d'enfant l'après-midi. »

Le bébé m'empêche de fumer et de boire, parce qu'il me tète.

Je fume et je bois en cachette, comme certains alcooliques.

Pour prolonger de quelques minutes

l'écriture de cette page, je l'ai retourné sur le ventre : il se rendort profondément. Cette position, de nos jours, est déconseillée par les médecins : elle favoriserait la « mort subite du nourrisson ».

*

Avant, les bébés étaient surtout des corps, bruyants, sales, bavant, rarement jolis. Je préférais les bébés des animaux : petits chats, petits lions, petits gnognons.

Quand le bébé est né, j'ai fait part de cette préférence à celui qui était devenu, bizarrement, le père du bébé. Il m'a si froidement donné tort que j'ai tout de suite changé d'avis : maintenant, je préfère les bébés.

Le bébé est sur mes genoux, désormais, quand je regarde à la télévision les documentaires animaliers. Lui regarde les lumières bouger.

Que voit-il ?

Avec ce qu'on entend sur les bébés, j'ai cru qu'il était autiste, parce qu'il ne fixait pas son regard.

Ma meilleure amie a cru le sien mongolien, parce qu'il tirait la langue.

Un ami qui a travaillé au camp de Goma m'a dit que la mortalité des bébés y était de soixante pour cent.

Le bébé m'a rendue sentimentale ; m'a rendue à la sentimentalité. Je me demande quoi faire de ce vieux vocabulaire.

Dire le non-dit : l'écriture est ce projet. À mi-distance entre dire et ne pas dire, il y a le cliché, qui énonce, malgré l'usure, une part de réalité. Le bébé me rend à une forme d'amitié avec les lieux communs ; m'en rend curieuse, me les fait soulever comme des pierres pour voir, par-dessous, courir les vérités.

J'écoute la rumeur de l'hôpital, les puéricultrices, les autres mères, ma propre éducation, le phrasé des magazines, le bruit de fond de la psychologie : ma fibre maternelle. Ce qu'on appelle l'*instinct*, fait de dictons et de proverbes, de témoignages et de conseils : l'ancestral bavardage.

*

Les bébés des autres n'existaient pas, je le comprends maintenant, parce que le bébé n'existe que dans la continuité intime, dans le lien avec nous, ses parents.

Nous lui donnons des petits noms, des noms privés, que nous jubilons à prononcer; pleins de doubles consonnes, de rimes et de hoquets, de sons mouillés, de lait.

Quand il est réveillé, nourri, propre, qu'il n'a mal nulle part et qu'il nous regarde, c'est déjà, à quelques semaines, un enfant. Mais après la tétée, il a son visage de nourrisson : écrasé et rougi par le sein, barbouillé de bave et de lait, ridé au coin des lèvres, yeux fermés comme des poings. Les plis de mes vêtements zèbrent ses joues, une fermeture éclair à mon gilet lui fait un rail à travers le visage. Il refuse d'ouvrir les yeux, pour faire durer la plénitude; il tète dans le vide, puis il s'étire et son corps devient dur, arqué, transportable d'une main; et il a l'air malheureux d'un coup, hagard.

Quand on s'est occupé de lui, et qu'il est rendormi, il nous reste tout le reste : la maison, les courses, la nourriture, la table à mettre, le lave-vaisselle à vider, la lessive à étendre, les draps à plier : ce n'est pas lui, qui nous fatigue, c'est l'intendance perpétuelle.

*

Mon pouvoir sur lui est stupéfiant. Il serait simple de m'en débarrasser. Je rêve que je l'oublie au supermarché, sur la plage. Je retrouve la poussette, mais vide. Je prends la fuite. À l'état de veille, entre deux tétées, je sais que c'est cela désormais qui m'est interdit : la fuite, disparaître, me carapater.

Lui, il rêve qu'il tète, petite langue rose sortie dans son sommeil, si saine qu'elle paraît translucide, lèvres arrondies, humides.

Je l'embrasse sur la bouche, parfois, comme par erreur. Ce n'est pas dans nos traditions familiales. Quand je le lave, le frotte, l'essuie puis le câline, c'est consciemment que je m'interdis d'embrasser son

18

sexe : je lui bécote le ventre, à la place. Ça le surprend. Il ne rit pas encore, il n'accroche pas encore le regard. Je le lange, je m'allonge avec lui sur le lit, je le serre contre moi, je respire ses cheveux ; de la tête aux pieds il tient sur ma poitrine. Sa tête, petit veau, pousse dans le creux de mon cou. Ventre à ventre, chaleur contre chaleur, mon amour maternel est d'abord pédophile, attirance passionnée pour son petit corps, besoin de m'en repaître.

Quand il pleure en se réveillant, et que je le soulève dans mes bras – zou ! – je le sauve. Six fois par jour, au réveil, je le sauve. Les yeux égarés, un dernier sanglot, il halète, il geint, il souffle ; il s'apaise. Dans mes bras, il est tout soulagement.

Cette haleine limpide contre mon visage, cette odeur de bébé, de chair blanche nourrie de lait, émergée du sommeil.

Quand il a faim, il n'est que ça, ce manque ; quand il est joyeux, il est dans une joie totale, brève, avant la prochaine frustration : débordé, emporté par ses émotions.

*

Je suis la mère d'un garçon ; en face, sur l'autre rive : les mères de filles.

« C'est moi qui l'ai fait », se moque, en m'imitant, le père du bébé.

Ses testicules, gonflés d'eau à la naissance, m'ont paru énormes. La vulve des petites filles aussi est gonflée, paraît-il. Sur la sphère des bourses, le pénis est posé, minuscule. Fragilité saisissante de ce petit bout de chair, qui le fait d'un sexe plutôt que d'un autre. Plus grand à certains moments de la journée : je n'en reviens pas. « Ça dépend de la température », m'explique le père du bébé. Je le regarde changer son fils : il lui soulève posément le sexe, nettoie avec soin, explore les plis sans forcer. Moi, je tamponne vaguement avec un gros paquet de coton. C'est ainsi, sans doute, que l'identité du bébé se dessine.

Je n'ai pas la sensation qu'il ait besoin de moi plus que de son père. Il se console, ou pas, aussi bien dans mes bras que dans les siens. Il boit au biberon comme au sein. La place du père existe, il suffit de la prendre, je le constate en les voyant faire tous les deux. Que le bébé, les premiers mois, n'ait besoin que de sa mère, la théorie me paraît louche.

Le soulagement du bébé quand son père rentre, le soir, quand il n'en peut plus de moi.

★

Peu d'éléments du monde prêtent autant au discours que le bébé.

Quand il n'a ni faim, ni chaud, ni froid, qu'il n'est ni mouillé ni gêné, ses pleurs sont une énigme. Ils le différencient d'un petit animal : comme ses premiers vrais sourires – quand les yeux rient avec la bouche – ses pleurs le font humain.

Alors commencent les discours :

Il a de la fièvre.
C'est la nouvelle Lune.
Il a faim.
Il est trop couvert.
Il a froid.

21

Il faut que les bébés pleurent.

Nous, on t'a laissé pleurer – mais nous ne le ferions plus aujourd'hui.

Il faut bien qu'il s'exprime.

Ne le prenez pas dans vos bras, vous allez l'énerver encore plus.

C'est l'angoisse du crépuscule.

C'est l'angoisse du deuxième mois.

Ne le laissez pas pleurer : vous lui donnez l'image d'un monde où les appels restent sans réponse.

L'angoisse est structurante.

L'angoisse est pathogène.

Il sera abandonique.

Il sera schizophrène.

Le mien est un cas social.

Le mien fait mon bonheur.

La *tétine* est aussi un bon déclencheur de discours.

La moitié des gens que je côtoie y voient une poire d'angoisse pour fermer la bouche des enfants, pour les empêcher de prendre la parole. L'autre moitié y voit une sorte de câlin portatif, une mesure d'humanité, et un repos pour les parents.

Une puéricultrice sur deux est favorable à la tétine.

Quand le bébé me tète, je suis une tétine géante.

Une chuquette, une choupette, une tototte.

Dès qu'il a été question de tétine, c'est ce mot qui m'est venu, *tototte*, je l'ignorais à mon vocabulaire. D'où sort-il ?

Le bébé sait dire oui et non : il repousse la tétine de la langue, ou il l'enfourne. Cet acquiescement, ce refus, ne dépendent que de lui. Sur la tétine s'exercent son pouvoir et sa volonté. C'est elle qui initie sa structuration neuronale : oui et non, 0 et 1.

La tototte fonde le binaire. Elle inaugure la dialectique.

*

Sa première promenade en poussette eut lieu au début du mois de juin, dans la station balnéaire où je suis née. La mer était rose pâle, le ciel layette, le soleil se couchait gentiment. Tout du long, le bébé a dormi. Je me suis arrêtée à la seule terrasse ouverte, sous les arcades du casino. J'ai eu le temps de choisir une table à l'abri du vent. Le bébé s'est réveillé. Qu'une créature aussi minuscule puisse faire autant de bruit est prodigieux. Pour la première fois depuis l'accouchement je portais une robe cintrée, je m'étais maquillée, les cheveux retenus par des lunettes de soleil. À la table voisine, une dame s'est penchée sur la poussette en disant : « Pauvre petit. » Une serveuse réprobatrice m'a apporté ma bière. J'ai écrasé ma cigarette. Un groupe de retraités s'est arrêté, les femmes parlaient entre elles, elles suggéraient qu'il avait froid. Une famille d'Allemands, un couple et quatre filles, ont quitté la terrasse en m'observant d'un air penché.

Le bébé et moi, nous nous sommes enfuis. J'avais le sentiment de le rapter. De ce jour, parlant de lui et de moi, pensant à lui et à moi, j'ai dit « nous » contre le reste du monde.

Un autre jour, à la pharmacie, je venais de le nourrir, tout allait bien, il se met à pleurer. Les clients en rond, la pharmacienne au centre : « Il a faim ! » Je venais acheter une boîte de lait. On vous soupçonne d'abord, comme si c'était plausible, de le laisser mourir de faim.

Il est gros.
Il est pâle.
Il est petit pour son âge.
Il louche.
Sa tache, là, ça va partir ?
Il a un double menton.
Il n'a pas de nez.
Il vous ressemble.

Le bébé rend beaucoup de passantes hystériques. Elles le touchent, l'évaluent, posent des questions sur son âge, son poids, son sexe, l'accouchement, comme si cela relevait, non de la plus grande indiscrétion, mais du code social normal, d'une politesse élémentaire, celle qui fait qu'on vous tient la porte ou qu'on vous dit au revoir et merci.

*

Nourrisson, ses pleurs sont pathétiques. Il n'a pas le coffre pour tenir la note, il fait è-è-è-è-è. C'est un chevreau qui tremble sur ses pattes, un girafon tombé. On ne sait pas ce qu'il a, ce qu'il dit. Recueilli dans les bras, sa voix de lait caillé le secoue comme un grelot.

Un peu plus grand, bébé, il n'a ni faim ni froid ni mal, mais il hurle qu'il s'ennuie, qu'il veut sortir, qu'il veut rentrer, qu'il vomit sa dépendance, qu'il nous hait. On le laisse écumer de rage, sanglé dans son baby-relax, par paresse, par énervement, par sadisme.

Vérifier pour la dixième fois que le biberon ne fuit pas, alors qu'il est déjà à demi fou de faim; le savonner longuement, alors qu'il hurle; le vaporiser d'eau fraîche quand il s'y attend le moins; rire quand il s'exaspère; le rajuster quand il s'endort; le moucher quand il s'amuse; remplacer le bouchon qui le fascine par un stupide hochet neuf; le serrer dans des couches trop petites, parce qu'il faut bien finir le paquet; lui mettre un bonnet ridicule.

Mais aussi : protéger ses yeux du soleil par de savantes rotations de la main, installer des architectures de linges sur sa poussette ; traquer le moustique, prévenir le courant d'air ; lui caresser le front en murmurant des chansons pour éloigner les cauchemars ; le faire rire en inventant des bruits, des grimaces et des danses ; arrêter de fumer ; lui faire sentir les roses ; le plonger dans des bains tièdes quand il fait chaud, des bains bien chauds quand il fait froid ; le masser à l'huile d'amande douce ; ne pas lui infliger le sirop qu'il déteste ; le bercer jusqu'à la crampe, l'endormir dans nos bras quand nous piquons du nez ; souhaiter la mort du pharmacien qui n'a pas commandé le bon lait ; trouver de la force quand nous n'en avons plus.

Le pire et le meilleur en nous, il le révèle.

*

C'est quand on n'en peut plus qu'il commence à sourire, au bout d'un tunnel de semaines, lait, rot, pipi, caca. Il sourit juste à temps, pour nous séduire, pour qu'on le garde.

★

Le « kangourou » est un système de portage ventral qui prolonge indéfiniment la grossesse. La toute première sortie du bébé s'est faite ainsi, sur un boulevard près de chez nous. Sous les marronniers vit un clochard de ma connaissance. Il m'a félicitée en me serrant dans ses bras. À peine tourné le coin de la rue, j'ai couru chez moi, j'ai frénétiquement savonné le bébé.

★

Le bébé voit les fantômes. Ses yeux dérivent dans l'espace, il ignore nos sourires, il n'entend pas nos appels : il suit dans la maison le lent mouvement des spectres.

Quand il grandit, il vient vers nous. Il nous répond, il nous imite. C'est tout petit, lorsqu'il sort des limbes, qu'il est capable d'y retourner. Il se souvient. Il hésite. Il dort beaucoup. J'essaie de regarder où il regarde,

28

de voir ce qu'il voit. Un reflet sur la télévision ? Le mouvement de l'arbre, à la fenêtre ? Épouvantée, à l'idée qu'il nous préfère les ombres.

*

Sa chanson quand il cherche le sommeil, sa mélodie de gorge, sa plainte, sa fatigue – le voir glisser ailleurs, yeux mi-clos, tourterelle.

*

Détaché du sein, chiffonné, « ensuqué », si je tarde à lui donner l'autre, ses yeux bien dessinés ne cherchent pas les miens : ils regardent de côté (un personnage de de La Tour observe ainsi le *Tricheur*). Il respire vite et fort, battant des narines, étonné qu'on diffère sa satisfaction ; il ronfle, il agite les pieds ; dans une impatience telle, qu'il s'enfonce en lui-même, perdu dans l'attente – puis d'un coup, d'un déclic, il songe à appeler, il se souvient que quelqu'un est là.

Je le pose sur mon ventre : il essaie de ramper, yeux mi-clos et bouche béante. Il secoue la tête de tous côtés en haletant. Il flaire, il fouille : un marcassin à la recherche d'une truffe. Il tète au hasard, des bouts de peau, avec des baisers involontaires et sonores. Il y a sur le mamelon une glande dont seul le bébé perçoit l'odeur. À peine né, cette odeur l'affolait. Il devait faire quelque chose, mais quoi ? Bouche ouverte, balançant la tête, comme navré, au désespoir.

Dans les bras – les miens, ou d'autres – il se cambre, dans un mouvement de balancier. Et il se jette sur nous, bec ouvert, tambourinant comme un pivert.

La boucle de mon gilet, ma main, son poing, la couture de ma robe, le pull de son père, le bord de son berceau : il tète à l'avenant, il met toutes les chances de son côté : s'il tombait sur un sein ?

« Programmé pour survivre », dit de lui son père.

*

30

En deux mois, il est devenu un professionnel de la tétée. C'est son savoir, son expérience, ce qu'il fait mieux que nous. Sein ou biberon, il sait faire des pauses, reprendre, accélérer, jouer et mâcher, ou garder juste sous la gencive, sans serrer, vigilant. Pour le faire lâcher je glisse un doigt au coin de ses mâchoires, comme on oblige un cheval à rendre le mords.

Quand il ouvre la bouche sur moi, il n'a pas l'ombre d'un doute : je suis à lui. Selon la théorie, *je suis lui* : il ne différencie pas son corps du mien. J'attends la crèche pour, justement, lui signifier que non, établir la frontière entre nous.

*

J'aime lui tapoter les fesses, sur le gros paquet de la couche. Un son de papier froissé, un contact de jouet.

De tous les jouets qui lui ont été offerts, c'est un affreux clown qu'il préfère. Il lui suce avidement le nez.

Nous proférons à ce sujet des plaisanteries graveleuses qui nous enchantent, dans un océan d'objets niaiseux.

*

Des amis nous racontent que leur bébé de cinq mois sait boire seul, mais vise mal : il rate la bouche et cogne la tétine à son nez ; au lieu de rectifier, il lève le menton.

C'est l'histoire la plus drôle que j'aie jamais entendue. J'en ris toute seule, à tous moments.

*

Ces deux premiers mois, je n'étais au monde qu'à demi, n'entendant qu'à demi ce qu'on me disait, ne voyant qu'à demi les gens, lisant mal les livres. La moitié de mon cerveau était à lui : avait-il assez chaud, respirait-il bien, ne l'avais-je pas entendu geindre ? J'avais beau avertir mes interlocuteurs, il ne semblaient pas me prendre au sérieux : une pose de jeune femme, une coquetterie d'écrivain.

C'était une forme de folie. J'étais en contact permanent avec un autre monde, comme une extraterrestre percevant sans répit, dans sa boîte crânienne, les échos de sa planète d'origine. J'étais douée d'ubiquité, de suprasensitivité.

*

J'allonge le bébé à plat ventre sur mes genoux, je le fais taire en lui donnant mon auriculaire à téter. De la main droite restée libre, je peux écrire.

*

Dans un immeuble qui surplombe la mer, je laisse le bébé sous bonne garde et vais nager.

C'est un pays très plat : en quelques brasses, l'immeuble, pyramidal, semble sortir de l'eau.

Je flotte. Sous le ciel, il n'y a que cette pyramide, dans laquelle est mon bébé. Et la séparation, air, eau, mer, béton, provoque un tel appel du vide, d'une géométrie si tranchante, que c'est au fond de la mer, sous la pyramide, qu'il me faudrait plonger pour retrouver le passage entre son corps et le mien.

Ne pas céder à la panique. Ne pas jaillir le retrouver. Nager.

*

Je ne peux pas mieux dire par la fiction : j'ai le bébé constamment sous les yeux.

Faisceau de données. Verbes. Descriptions. Densité. Inadéquation de certains synonymes, de certaines images. Il me serait désagréable d'enrubanner mon fils de phrases superflues.

Une écriture structurée par sa propre contrainte, les poncifs trouvent leur écho, les appels du bébé découpent ces pages, d'astérisque en astérisque.

*

De l'inaptitude des grands-parents à acheter le bon paquet de couches. Le bébé pèse cinq kilos. Selon les marques, les couches sont graduées de 2 en 5, de 4 en 9, de 7 en 18. Chaque marque a son code, pour l'âge, la taille, voire le sexe. Les grands-parents, tous presbytes, sont physiologiquement incapables de déchiffrer la mention du poids, la seule nécessaire, écrite en petit sur le côté du paquet.

*

Au pied d'un escalier, seule, avec la poussette et le bébé.

S'empêtrer dans les voitures garées sur le trottoir, se coincer dans les battants d'un autobus, dans les grilles d'un caniveau, dans la foule à contresens. Ne même pas imaginer prendre le métro.

L'humiliation et la rage.

Lier les mains de mes ennemis à une poussette ; celles des maires de grandes villes ; celles des concepteurs de transports urbains.

Il est interdit de monter à bord d'un bus parisien avec une poussette ; repliée, elle est tolérée entre neuf heures et seize heures. Il s'agit donc de porter le bébé d'une main, l'engin de l'autre, et de tenir en équilibre sur la troisième.

*

Cette nuit, 23 juillet, il a dormi d'une traite, de vingt-trois heures à sept heures, pour la première fois.

Quand il réclamait à quatre heures du matin, la fatigue n'était pas tant de se réveiller avec lui que d'attendre, parfois, qu'il se rendorme – ses yeux écarquillés comme ceux d'un hibou.

J'aimais bien m'installer dans la chaise longue avec lui, et le regarder téter, à moitié endormie ; dans le coton tiède de ces nuits de mai, pluvieuses, fenêtres entrouvertes sur la rue déserte ; un chuintement de pneus parfois, des faisceaux de phares ; et la lumière qui blanchissait (grise, perle, pâle) à mesure que le biberon se vidait.

C'est déjà un souvenir.

Quand il est né je voulais retomber enceinte tout de suite.

Je voulais le refaire à nouveau, lui, le même. Je voulais l'avoir en double, en triple, collectionner ses clones, accoucher de lui dans un présent éternel.

★

Notre appareil photo numérique, acheté à sa naissance, permet de faire de courts films muets, d'une minute environ : des instantanés de nostalgie.

J'allume l'ordinateur, je clique sur une icône en forme de bobine : se déroule, déjà poignante, la scène du biberon de la veille. Je suis « jeune maman »; notre petit appartement, dans le cadrage malhabile, est le décor de cette vie touchante, silencieuse et un peu saccadée, celle où, dans les années 2000, je portais des corsaires et des mules, où mon visage était lisse, où le bébé était le bébé.

Cet appareil filme à même le passé; filme le passé même, dans une absence de son qui le teinte en sépia – on imagine entendre le cliquetis de la bobine.

Je vois mon fils, adulte, regardant ces images.

Cette ossification du jour en autrefois, notre vie tombée en désuétude – déchirante supercherie.

*

Ces dix derniers jours, il s'est réveillé vers six heures du matin. Nous le fourrons dans notre lit. Je l'allaite. La lumière est éclatante, juillet. De la boulangerie monte l'odeur de la fournée. Les peupliers dans la cour se défont dans un bruissement, la journée brûle déjà.

Je suis allongée de côté, pointes de sein tendues vers le bébé. Il se sert, lové sur mon bras.

Claquements de langue, bruits mouillés, fil de salive sur l'oreiller. Sous le drap, le terrier; trois mammifères.

Parfois il parle la bouche pleine, il proteste, il chante, il secoue la tête comme un chiot qui s'amuse – je crie ! Parfois il gémit de volupté, son regard bascule sous ses cils.

Parfois je glisse hors du sommeil et il s'est détaché ; il gît sur le dos, yeux ouverts ; il regarde, il rêve ; seuls bougent ses iris.

Ce matin, neuf heures passées, je me réveille en sursaut : il dort encore, il n'a pas appelé.

Je me penche sur son berceau, il sourit dans son sommeil.

*

Il cligne un œil, incline la tête, porte le poing à son nez, tord le buste, plie une jambe, ouvre sans bruit la bouche : sa façon d'éclater de rire.

*

C'était un amour dont je n'avais, littéralement, pas idée.

J'en avais entendu parler, je le constatais parfois autour de moi, je l'imaginais et pouvais le concevoir – j'aurais pu l'écrire – mais je ne savais pas qu'il me concernerait.

Il me dégoûtait un peu, par misogynie acquise, par réflexe critique, par hantise ; parce que ce qu'on en dit, la plupart du temps, est répugnant ; parce qu'un adulte qui dit « maman » me donne envie de rire et de m'enfuir.

Quand le bébé est né, la stupéfaction et l'amour se confondaient. Je l'aimais et je l'admirais d'être là : d'avoir surgi de façon si incongrue, si insolente. Il m'était difficile de croire que les autres bébés font de même.

Il est né très en avance et tout de suite il braillait, gluant, sanglant, hirsute : scandaleux. Tout l'hôpital se mobilisait contre cette provocation, s'ingéniait à le laver, à le calmer, à l'emboîter dans sa couveuse. Tout de suite il mettait la révolution, il foutait le bordel.

Cette présence-là, un surgissement aussi scénique, comment écrire pour le théâtre sans espérer y tendre ?

Dans la salle d'accouchement, nous étions quatre : le père du bébé, l'accoucheur, l'infirmière et moi. Tout à coup, nous sommes cinq.

Être au centre du vortex, où le temps et l'espace se conjuguent et s'ouvrent : mon sexe est cette brèche et je ne le savais pas.

Mes trajets me ramènent parfois sous les fenêtres en verre dépoli de ces salles d'accouchement. Je ne vois ni des parturientes ni des équipes en rose et vert, comme dans mon souvenir, mais – capturées là – de larges spirales blanches, au centre desquelles surgissent les bébés.

Cela me paraît plus vraisemblable, satisfait mieux mon esprit, que ce qui s'est passé en vrai.

Ce qui s'est passé en vrai me demeure incompréhensible.

*

De toutes les solutions possibles pour que la vie advienne, c'est la plus insensée qui a été retenue. Que les bébés surgissent du sexe des femmes, tout s'organise pour faire au mieux avec ce délire, pour qu'on l'oublie et le contienne, c'est une évidence.

Quand il est né il était si petit, si réellement fragile, que c'étaient mes yeux, superstitieusement, qui faisaient se lever et s'abaisser son torse.

On l'a emporté hors de la salle d'accouchement et j'ai demandé au père de ne pas le quitter des yeux, d'être bien sûr que c'était lui.

Le regarder toujours, c'était comme le toucher, c'était faire qu'il continue à respirer avec nous.

Je l'ai aimé tout de suite : ça n'est pas une formule, ç'aurait pu être autrement. Je n'étais pas sûre qu'il était de moi. Je l'ai adopté : il me plaisait.

Il était extrêmement séduisant.

Comment était-ce possible, qu'il soit sorti de moi? La péridurale fait que les pères en sont mieux sûrs que les mères : eux peuvent voir.

Et tous les jours, l'amour augmente. C'est inouï, inespéré.

Les clichés reprennent sens pour moi,

les formules, oui, puisque sans métaphore *je donnerais ma vie pour lui.*

C'est la première fois que cette phrase est vraie, que j'entends sa vérité ; la première fois qu'elle est mienne.

*

Le bébé est enveloppé de discours épais comme des langes, il est ainsi l'objet le plus mineur qui soit pour la littérature. Laissé aux femmes, donc – « baby » est leur petit nom – et celles qui entendent écrire vraiment se tiennent prudemment à distance.

« *Bébé* », disent les publicitaires, certaines puéricultrices, les psychologues de magazine, les manuels pour parents : « Et comment va bébé ? Bébé a bien mangé ? Et maman, pas trop fatiguée ? » L'absence d'article est comme certains tutoiements, un chantage à l'intimité, et un mépris de la pensée. Les vêtements pour bébés sont infestés de lapins, chats, canards et chiens-chiens, une ménagerie puérile au seul usage des parents (l'intérêt du bébé pour ses frusques se résume en bave ou vomi). Aller plus loin dans la

43

démonstration me semble superflu : la baratte est connue, qui mouline l'adulte en enfant inoffensif, sexuellement neutre et consommateur. La résistance commence par le maintien de l'article : *le* bébé.

J'aime vivre parmi les animaux imaginaires, ma maison en est pleine et le bébé participe à ce zoo, porte parfois leur nom : mais comme l'animal humain de la fable.

J'écris pour définir, pour décrire des ensembles, pour mettre à jour les liens : c'est mathématique. J'écris pour renouveler la langue, pour fourbir les mots comme on frotte des cuivres – *le bébé, la mère* : entendre un son plus clair.

Ce n'est pas la naissance du bébé qui déclenche ces pages, c'est l'existence d'autres livres et d'autres phrases – toutes faites ou étincelantes. Les questions qu'elles posent sont parfois si justes que l'adrénaline éclate dans ma poitrine, une envie d'écrire aussi violente et neuve qu'enfant, quand je croyais que ce n'était pas permis.

« [...] je trouve qu'on ne pense pas du tout assez à ce qu'est un bébé, à ce que c'est qu'être un bébé. Personne ne fait ça. C'est vraiment un drame. Je veux dire, un bébé n'est ni homme ni femme, un bébé casse le poignet, un bébé écarte les jambes, un bébé est un trou, un bébé est un plein [...] »

Je tombe sur ces lignes de Guillaume Dustan, sur la question du genre, dans *Génie divin*.

Mon entreprise est de salut public.

★

Je suppose que le bébé, éponge à information, sent la moindre hésitation, frustration, envie, timidité, le moindre élan, sursaut, recul, la moindre retenue : le désir qui prend forme autour de lui. Et dans ce désir il s'ébauche, sexué par la relation. Quel était le « genre » de l'enfant sauvage ? Était-il loup ou louve, louveteau, garçon, fille ? Le bébé aura tôt conscience qu'il est un petit garçon, les gens qu'il croise le lui disent : « Voilà un beau petit garçon », « Est-ce un garçon ou une fille ? » Nous, nous lui disons qu'il est

45

un poussin, un lapin-pin-pin, un joli pivert-chat. Je lui fais confiance pour faire le tri.

Mon père : « Tu verras, quand il te ramènera une fille que tu n'aimeras pas. » « Ou un garçon », dis-je. Tête du grand-père.

J'ai vu des robes sur des petites filles de trois mois : les plis se soulèvent sur la couche, les grattent, les engoncent, les jambes sont toujours dénudées, et on leur met, déjà, des collants.
Pour les vêtements de son fils, le rose paraît incongru au père du bébé.

Avoir une fille m'aurait semblé, pour un premier enfant, moins étrange, moins mer-veilleux sans doute ; à la fois plus facile et plus délicat. Je l'aurais exaspérée, à vouloir à toutes forces lui donner le respect de son sexe.

*

Le bébé n'est pas l'enfant. N'en déplaise aux ressasseurs d'étymologie – *infans*, « qui ne parle pas » – l'enfant commence avec ses premiers mots. Le bébé, lui, pour se faire comprendre, dépense de tels efforts qu'il finit par pleurer.

Le bébé pleure, surtout, sur le fait d'être un bébé. Sur sa dépendance, sur la nécessité de se donner en spectacle en attendant qu'on le devine. Pour le vœu légitime de visiter l'endroit où il vit, le bébé doit patienter jusqu'à ce qu'on le prenne dans les bras ; au hasard des déplacements, morceau par morceau, il doit rassembler ainsi les éléments de tous les puzzles. Et comment faire entendre, alors, perché sur une épaule, qu'il faudrait ralentir ou accélérer, tourner ici ou là, se pencher sur tel objet ? Le bébé est plus patient qu'on ne croit.

Montaigne (II-12) : « Notre pleurer est commun à la plupart des autres animaux ; et n'en est guère qu'on ne voie se plaindre et gémir longtemps après leur naissance : d'autant que c'est une contenance bien sortable à la faiblesse en quoi ils se sentent. »

Je me demande s'il comprend qu'un jour, il ne sera plus bébé ; le processus de « grandir », quand le conçoit-il ?

*

Un bébé de trois mois est mort hier dans un attentat.

Un bébé de trois mois. Maintenant j'entends ce que cela veut dire.

Et les faits divers – ce père qui a perdu tous ses enfants dans un accident de voiture – me touchent plus intimement qu'avant, que je le veuille ou non.

Je laisse ces phrases en désordre et telles quelles, comme symptôme. Qu'est-ce qu'une mère ?

J'ai retrouvé un geste d'enfance : je me touche le milieu du front pour conjurer le mauvais sort, comme on dit qu'on touche du bois. Deux, trois, quatre fois par jour.

Avant, l'idée de mourir m'embêtait parce que j'ai des livres à écrire.

Maintenant j'enragerais de le laisser seul sans le connaître mieux.

(Ces deux visions de la mort ne s'opposent pas : elles s'additionnent.)

★

Maintenant, quand je vois à la télévision, sur les routes d'un pays en guerre, une femme tenant dans ses bras un bébé, je me demande si elle a pu le nourrir, si elle a pu le changer ; je sais qu'elle pense à ça ; je conçois pour la première fois le stress intense qu'elle subit. Devoir quitter la maison, avec le bébé qui pleure, qui va bientôt pleurer de faim. Qui n'aura aucun endroit pour être tranquille. Qui va tomber malade. Devoir être la maison du bébé, sans recours, sans magie.

★

Je lis une traduction de *Beloved*. Une fille vient hanter sa mère, qui l'a tuée, bébé, plutôt que de la voir esclave. Sans doute, pour Toni Morrison, est-ce d'abord un livre

49

sur la condition des Noirs américains. Mais j'y trouve aussi des phrases que je n'avais jamais lues ailleurs :

« Personne ne savait qu'elle n'arriverait pas à faire son rot si on la tenait contre l'épaule, mais seulement si elle était couchée sur mes genoux. » « Je leur ai dit d'imbiber un linge d'eau sucrée et de le lui donner à sucer pour qu'elle ne m'ait pas oubliée quand j'arriverais. » « À qui parler, pour savoir quand il était temps de mâcher un petit quelque chose et de le leur donner? Est-ce que c'est ça qui fait percer les dents, ou bien est-ce qu'il faut attendre que les dents sortent et après, leur donner du manger solide? »

Il n'y a pas d'écriture féminine, évidemment; il y a peut-être des thèmes féminins. Certains hommes savent d'ailleurs les prendre en charge :

« Cissy essuya sa petite bouche avec la bavette et elle voulait qu'il soit assis bien droit pour dire papa, mais quand elle eut débouclé la courroie elle s'exclama, doux Jésus, qu'il était trempé comme une soupe et il faut remettre la couverture sous lui en

50

double et en la tournant de l'autre côté. Bien entendu que sa majesté bébé subissait ces formalités de toilette à son corps défendant et qu'il le faisait savoir à qui voulait l'entendre :

– Habaa baaaahabaaa baaaaa. »

Le bébé tel que je le retrouve, parfait, dans *Ulysse* de Joyce.

Dans la *Sonate à Kreutzer*, cet affreux bonhomme de Tolstoï – il reprendra le thème en son nom, et dans des lettres : les paysannes sont sages, d'accueillir la vie et la mort de leur enfant sous le même signe de la fatalité, et les aristocrates bien folles, de se lamenter quand elles en perdent un.

« Les hurlements de la femme qui accouche », quelque part chez Rilke.

Pas de bébés chez Nathalie Sarraute, ce n'est pas son propos ; rien non plus chez Virginia Woolf. Je ne sais quel journaliste se scandalisait, à la mort de Duras, que jamais son enfant n'eût de place dans ses livres, comme si une femme devait nécessairement... La bêtise est une longue fatigue.

Une phrase des *Petits chevaux de Tarquinia* m'avait frappée, j'avais dix-huit ou dix-neuf ans, au point d'inaugurer mon désir d'enfant : « Depuis la minute où il est né je vis dans la folie. »

J'avais envie de cette folie. Ça ne me manquait pas : ça me faisait *envie*; comme quelque chose de matériel que je ne possédais pas. Un de ces petits palais qu'on appelle *folies*, un lieu fantasque où habiter, isolé, magique, inquiétant, aux pièces en labyrinthe, aux fenêtres hautaines – la maternité : un manoir sur la mer à Biarritz.

*

« (Bloom se penche et chatouille Bébé-Boardman au creux de l'estomac.)

Bébé Boardman (Hoquette, et du lait caillé coule de sa bouche) :

– Hajaajiajia. »

La mort de son fils Rudy accompagne Bloom entre chaque ligne d'*Ulysse*, comme un fantôme. « Sur le fond obscur de la

52

muraille, une forme, lentement, devient visible… »

Que les enfants soient mortels, c'est ce que l'Occident ne supporte plus. C'est l'ultime lieu du scandale.

★

Une amie, mère de deux enfants : « Je ne peux pas écrire, parce que je suis incapable de faire mourir les enfants. »

Il y a dans *Pet Semetary*, de Stephen King, une scène finale extraordinaire, où le fils de quatre ans revient d'entre les morts trucider sa mère qui lui ouvre les bras. Ne pouvant s'empêcher d'ouvrir les bras, même en voyant la lame, le classique rictus… Un cauchemar impeccable.

Un écrivain anglais rencontré brièvement : « Les enfants, ça aspire tout le sentiment hors de toi, depuis que ma fille est née je ne peux plus écrire. »

Aujourd'hui je tuerai autant de bébés qu'il le faut à l'écriture, mais en touchant du bois. Ce n'est pas le tabou qui m'inquiète, c'est la répétition, la malédiction, tout ce qui névrotiquement fait croire à l'ombre portée de l'écrit sur la vie.

Écrire sans superstition : éloigner de soi les fantômes.

*

Parmi les gisants de la basilique Saint-Denis, deux enfants : une princesse anonyme, qui semble avoir cinq ou six ans, et un bébé de cinq jours, Jean Ier – sans doute assassiné par son oncle régent.

La princesse est un long cylindre de marbre, veiné de plis sous une ceinture : c'est au-dessus qu'elle commence, la petite princesse, deux bras délicats croisés sur la poitrine, et une tête ronde, yeux ouverts, lèvres roides, cheveux tressés sous la couronne, dans cet envoûtement du marbre qui fait que tout, robe, yeux, lèvres et couronne, est saisi d'un même sommeil blanc. On flotte, dans la basilique, entre les corps couchés : en visite au Bois Dormant. La Princesse est isolée dans le virage de la nef, une barque bloquée par la crue ; les autres vont par piles, Jean Ier est en famille. Il a des yeux de verre bleu.

Curieusement, au kiosque à cartes postales, la Princesse prend le nom de son cousin assassiné, comme si les petits corps pouvaient ainsi se confondre, un universel enfant mort.

*

Ma mère est née pendant la guerre, après un premier bébé mort. Elle était allergique au lait ; on ne la nourrissait que de rares jus d'oranges, envoyées des colonies par un oncle. « Cette enfant ne vivra pas » avait dit à ma grand-mère une bonne âme croisée sur la jetée.

*

Le lait épaissi que nous utilisons descend dans le biberon en formant des alvéoles. À la fin du repas le biberon est plein d'une sorte de ruche, très fine, en bulles de lait.

« L'alvéole est la forme la plus solide à l'état naturel », m'explique le père du bébé.

De l'importance de savoir choisir l'autre parent pour son enfant.

Que le bébé se nourrisse exclusivement de lait m'étonne jour après jour. Le lait est donc l'aliment miracle, la gelée royale de l'être humain. Il produit du cerveau, des muscles, de la peau. Le bébé est fait de lait, de molécules de lait empilées les unes sur les autres ; une chair blanche, comme celle du veau ou du petit cochon.

Le bébé est rentable, estime le père du bébé. Sept kilos de lait en poudre ont produit, sans compter l'allaitement, quatre kilos de bébé : peu de pertes.

Rapporté à taille adulte, il faudrait avaler, par jour et exclusivement, huit à neuf litres de lait.

*

Août, dans la maison au milieu des arbres : plusieurs fois par nuit il nous réveille, corps arqué, hors de lui. Dans la journée il est infect, pleureur, braillard ; grognon jusque dans ses siestes ; calmé par une seule activité : juché sur notre épaule, yeux écarquillés, il exige qu'on lui montre le monde. Nous marchons donc des heures sous le joug d'un enfant qui se tend vers les feuilles. Nous lui montrons les arbres, les roses, les chaises en plastique, le buffet, le réfrigérateur, jusqu'à épuisement ; et nous nous affrontons, le père du bébé et moi, nous accusant mutuellement de cette fatigue.

Inlassablement le bébé passe d'un objet du monde à l'autre. Nous obéissons à sa vitesse de pensée, nous nous plions au rythme de sa curiosité. Il est assis sur nous, il crie, il nous sépare.

Nous nous sentons coupables. Depuis sa naissance nous le transportons d'un bout du pays à l'autre, il dort partout, il n'a peur de rien. Depuis sa naissance nous attendons ce moment sous les arbres, le repos, la rivière, les promenades à vélo.

La rivière est trop froide pour l'y baigner. On ne peut pas l'emmener à vélo, c'est maintenant que nous y pensons. Et on peut difficilement lire tranquille sous les arbres avec le bébé, qui a décidé de nous faire payer les huit cents kilomètres d'autoroute et le charivari des mois précédents.

★

De grands-parents en grands-parents, de tantes en amis, il sourit, ces temps-ci, à tout le monde sauf à moi. Il se cramponne à mes vêtements comme le koala à son eucalyptus, ouvre la bouche d'un air absent et cherche le sein.

« C'est qu'il te sait déjà séduite », dit le père du bébé.

L'amour négligent que je porte à ma mère, ces coups de fil épars puisqu'elle répond toujours, puisqu'elle est immortelle, est-ce cela que prépare mon fils ?

« Sauf que c'est un fils », dit le père du bébé.

★

Le bébé est depuis quatre mois dans ma vie et je ne m'habitue pas à ce qu'il ait un prénom, à l'appeler par son prénom, pourtant des plus classiques. Souvent, penchée sur lui, je surprends à mes lèvres le nom – un des petits noms – que me donnait ma mère quand j'étais enfant.

*

Systématiquement, à la vue d'une personne de notre entourage, le bébé se met à pleurer, et nous embarrasse tous, avec une sorte de génie.

Dans cette maison où nous passons nos vacances, j'écris dans le jardin. Le bébé dort dans une pièce calme, fraîche, à l'abri des chats et des courants d'air. Plusieurs portes nous séparent. Pourtant je sens son réveil. Je me lève : il vient d'ouvrir les yeux. Il joue avec ses mains, il chante, il ne pleure pas encore. Une horloge de plus bat-elle dans mon cerveau ? Un sixième sens m'est-il échu, qui percevrait sans que je le sache, sans que je les guette, ses variations au fond de la maison ? Comme si le bruit des arbres, des oiseaux, du vent, se doublait d'une fréquence intime, d'une autre façon d'écouter.

Il sourit dans son sommeil, ou bien il tord la bouche comme s'il allait pleurer : il rêve. Une porte qui claque ne le réveille pas, mais une page qu'on tourne le fait sursauter. Un velcro qu'on ouvre dans la pièce à côté et ce sont des pleurs de panique. Puccini le terrorise. Björk le laisse indifférent. Au vacarme du mixer, il lève à peine un sourcil.

Merveille de ses mains miniatures.

Ses paupières sont bleutées, translucides, veinées de rose foncé. L'œil glisse pardessous, l'ombre de l'iris.
Avec le plus grand sérieux, il ronfle.
Sa bouche est minuscule, humide, entrouverte.
Sur le côté gauche du front un « A » est écrit en veines bleues. Très nette dans sa couveuse, la lettre s'estompe aujourd'hui.

Il s'est donné un coup d'ongle sur le nez, un grand « Z » rouge.

De profil, la courbe de sa joue est la symétrique exacte de son front ; pour médiane, les cils.

La peau des Blancs n'est pas blanche, chacun peut le voir. Pourtant, quand je vois le bébé, c'est la couleur blanche qui me vient à l'esprit : lis, jasmin, orgeat, lait ; une théière en porcelaine rapportée de Chine par un aïeul, si ronde, si fine, que la main transparaît.

*

Enceinte à l'hôpital dans une chambre blanche, on n'est pas malade, on ne souffre pas, le couloir bourdonne : on est sûre d'avoir été oubliée là.

Depuis des jours je ne sentais plus bouger le bébé. On me disait de ne pas m'inquiéter, on surveillait son cœur. Le temps passait.

Un jour de trop, j'ai sonné et sonné l'alarme, suspendue au cordon d'appel.

Dans la cohue de l'hôpital une infirmière a pris le temps de sécher mes larmes. Il battait, le cœur du bébé, tatoum tatoum, fidèle à l'appel.

★

Quand il était très petit, prématuré, posé sur le ventre dans sa couveuse, je le voyais uniquement de profil : une joue écrasée contre le matelas, un bout de nez, un œil fermé, un crâne couvert de duvet.

La deuxième ou la troisième nuit, je ne dormais pas, je suis sortie dans les couloirs. J'ai croisé une jeune femme qui portait son bébé dans les bras. Une infirmière la grondait : elle pouvait s'évanouir, l'entraîner dans sa chute. Je flottais, les bras vides, la tête me tournait encore de l'accouchement. À l'étage du dessous, Unité Pédiatrique, j'ai mis ma blouse stérile et mes surchaussures. L'œil des appareils clignotait tranquillement ; un univers bleuté et silencieux, presque douillet, sans drame. La plupart des couveuses étaient couvertes d'un linge, comme on fait la nuit pour les canaris.

Dans un box à part, un nourrisson vêtu de sa seule couche dormait avec de petites lunettes protectrices, sous les *sunlights* bleu vif d'une photothérapie. Et sous une lampe de chevet, un autre bébé était nourri à la seringue par une puéricultrice.

Je me suis approchée, sûre que c'était là mon bébé : il était blond et très petit, avec le visage mince des prématurés, de grands yeux ronds ; mais plus je le regardais, plus il me paraissait lointain, étranger, objectif : un bébé de face, un bébé parfait, un concept de bébé. La panique me venait à me demander si oui ou non c'était le mien, la panique et la honte : il suffisait de quoi, d'un autre angle de vue ? d'un autre nom, d'un autre accouchement ? J'ai demandé comment il s'appelait, ce bébé : « Secret professionnel » m'a répondu la puéricultrice.

*

– Et qu'avez vous donc fait pour qu'il soit si prématuré, cet enfant ?

Au nom de la toxine à laquelle, fœtus moi-même, je fus exposée, et qui trente ans après produit encore de tels effets, la sage-femme, au courant, compatit : comme si j'avais, ah, une bonne raison d'être une aussi mauvaise mère.

Plus tard, la même, me trouvant en train d'écrire : « ça va empêcher la montée de lait ».

★

On trouve à louer des *Ki-Têt* électriques, fabriqués à Saint-Étienne dans les années soixante-dix, et utilisables sur 110 ou 220 volts. Je tire mon lait pour le bébé, il lui est injecté par une sonde gastrique.

Quatre mois après, avec le père du bébé, nous avons encore en tête le bruit de pompe et de moteur, vrououm-schlak, qui a scandé ces longues semaines.

Je vois comme un miracle le lait perler à mes seins, ce qu'on raconte est donc vrai, et le bébé existe bien, là-bas, dans sa couveuse : ce lait en est la preuve. Avec d'infinies précautions je parviens à extraire deux centilitres du précieux liquide, le *colostrum* des

premiers jours, orange, épais, plein d'anti-
corps. « Pour ça, c'était pas la peine », dit
l'infirmière en le jetant dans l'évier.

Vous ne dormez pas assez.
Vous ne buvez pas assez.
Vous pensez trop à votre travail.
Mangez du fenouil.
Buvez de la bière sans alcool.
Prenez de la levure, du pastis, du lait.
Portez un soutien-gorge d'allaitement.
N'en portez pas.
Le lait, c'est psychologique.
Toutes les mères ont du lait.
Ma mère n'en avait pas.

Moi, j'avais l'impression que l'inconvé-
nient de la couveuse, et la faiblesse du bébé
pour téter, rendaient simplement l'affaire un
peu technique. Plus tard, entre autres montées de mots, je suis tombée sur les direc-
tives de l'OMS, qui préconisent de ne pas
séparer la mère et l'enfant, de le mettre au
sein tout de suite, et de ne jamais utiliser de
tire-lait.

Une nonne passe la tête par la porte et me demande, cornettes, apparition, si j'ai besoin d'une aide psychologique.

À l'étage des accouchées j'étais la seule à ne pas avoir de bébé dans ma chambre. Les femmes de ménage me soupçonnaient, j'en étais sûre, de l'avoir jeté par la fenêtre, ou d'être là comme à l'hôtel. J'ai mis sa photo sur le mur. Quand je travaillais au lieu d'être près de lui, elles ouvraient ma porte et ma fenêtre, « pour aérer », et restaient dans ma chambre. « Pas d'oranges en allaitant », commentaient-elles sur ma poubelle.

On écrit aussi par rumination, comme on trouve, des jours après, la répartie à une vexation.

*

Que voit-il ? L'alternance de l'ombre et de la lumière. Des couleurs dont il ignore le nom. Notre visage (la tache des yeux, de la bouche). Des lignes, des formes, peut-être des reliefs. Il tend la main, essaie la profondeur. Que peut-il en savoir ?

Il découvre ses mains et les suit jusqu'à son œil, boum.

Adolescente, j'ai exploré diverses versions du monde ; une simple prise de drogue suffisait à basculer les certitudes, sur les couleurs et l'enchaînement du temps, sur la verticale et l'horizontale, sur les sons et les goûts, le contact et la pesanteur. J'aime à imaginer, sur la foi de ces souvenirs, la nouveauté insensée de l'expérience du bébé.

Certaines émissions pour très jeunes enfants, radieuses et colorées, se réfèrent, paraît-il, à des voyages psychédéliques, et plaisent aux amateurs d'acide.

Couché dans sa poussette la tête dans les arbres, il observe, une heure durant, le balancier des feuilles, la lumière dans le vent.

★

Depuis quelque temps, tous les soirs au coucher, le bébé pleure, inconsolable. Nous le laissons dans son berceau et fermons la porte.

C'est l'heure du vin blanc et des olives, du soleil oblique, du bonheur d'être entre adultes, sous les pins.

★

Pour attraper un objet il regarde au-dessus, tend la main à tâtons, palpe plus qu'il ne vise, comme si ce qui se trouve au bord de son champ de vision était précisément ce qu'il y a à chercher, ce qui se dissimule.

★

Quand il chie, il devient rouge, serre les poings, pousse des « gniîî » si scatologiques que nous éclatons de rire. Puis, d'un coup, il se tourne en lui-même, semble réfléchir.

★

Une piqûre de moustique lui fait un nez de clown.

*

Nous le berçons, et le berçons, et le berçons. Le père du bébé imagine un moteur à propulsion sur un bras de levier, à fixer sur le berceau.

La règle entre nous est simple enfin, au bout de quelques mois : si les pleurs du bébé nous rendent, l'un ou l'autre, malheureux, nous le prenons dans nos bras sans penser davantage.

*

« Areuh », l'onomatopée classique, est le mot que le bébé aime le plus souvent à dire. Le *r* est bien marqué, la vibration française. Et en Espagne, en Angleterre ? En Chine, en Arabie ? Comment parlent les bébés ?

Il comprend certains termes – *téter*, *biberon*, *bonjour* : la nourriture et le contact.

Dès l'utérus, les mots le baignaient (voix maternelle, échos du père) ; ensuite, autour de lui, ça parle, ça chante, ça commente ; très vite sans doute les mots se distinguent les uns des autres, riment et se répondent. Si les muscles de la bouche mûrissaient plus tôt, se coordonnaient plus tôt (comme ceux de la main), le bébé parlerait-il plus tôt ? Je me demande ce qu'il dirait.

« Je veux aller voir les petits oiseaux » fut la phrase complexe, précise et déterminée que prononça un enfant de notre entourage, jusque-là resté muet.

*

Le bébé « joue » avec un morceau de papier : il cherche, il essaie, il explore. Il déploie beaucoup d'efforts. Quand il a réussi à fermer la main dessus, il ne sait comment lâcher, il s'énerve, il secoue, il est poursuivi par cet intrus blanc.

Obscurément il me semble connaître l'expérience, la sentir dans mes doigts, dans mes nerfs – l'ampleur de l'entreprise, la concentration, la fatigue ; un univers anky-losé, des commandes dépourvues de réflexes. C'est peut-être un souvenir enfoui. C'est peut-être aussi, trivialement, la super-position d'un souvenir voisin : avoir à saisir un objet avec des moufles ; écrire avec la main bandée ; ou jouer, dans les fêtes foraines, à attraper un canard en plastique avec une pince de métal.

Plusieurs hommes de mon entourage – mon éditeur, ou le père du bébé – décla-rent avoir été troublés par une scène du film *Alien*, où Sigourney Weaver, vêtue d'une culotte blanche, combat le fameux monstre dans un engin articulé (une sorte de monteur-élévateur doté de préhension).

À voir les yeux hallucinés du bébé, l'intensité de ses gestes, je suppose que son expérience du morceau de papier recouvre le spectre de ces émotions – obstination, angoisse, enthousiasme, excitation sexuelle, agacement.

★

Nous oublions de l'attacher : il est tombé de sa poussette. Sa pommette bleuit. Nous hésitons à le sortir en public.

★

Notre foi dans les vertus du langage agace parfois notre entourage, qui raille les miracles de la psychologie moderne, comme si dire et expliquer étaient des formules magiques. Pourtant je ne vois pas ce qui sépare mon petit des petits animaux, à part le langage.

Je tombe sur une photo ancienne d'un « enfant-loup ». Par sensationnalisme, l'enfant est déguisé par une peau de bête ; mais sous l'artifice, ce sont les avant-bras qui choquent, énormes, déformés par la marche à quatre pattes ; les mains sont atrophiées, recroquevillées en l'air : il marche sur les poignets. Je lis qu'on a répertorié de nombreux cas, et qu'il existe aussi des enfants-singes, ours, et léopards. Ils ne sauront pour la plupart jamais parler, jamais marcher debout. Deux petites filles-loups, Amala et Kamala, furent recueillies – ou capturées –

72

par le révérend Singh, en Inde, en 1920. Le cas est célèbre, parce qu'il tint un journal de leur courte vie. Sur les photos, nues ou habillées, leur silhouette est humaine malgré la posture, malgré le cou raccourci, tête en arrière.

« En tout, elles ressemblaient à des animaux », conclut le révérend. Cette phrase heurte mes bons sentiments. Mais à la réflexion je me demande si Amala et Kamala, en compagnie des loups, avaient l'idée de manger autre chose que de la viande crue; si elles tendaient la main vers les baies, si elles s'essayaient aux racines; ou si décidément n'existaient en elles aucune imagination humaine, aucun souvenir de l'espèce, aucun réflexe, aucune question. Elles dormaient en boule avec la meute, elles montraient les dents et hurlaient, elles couraient vite sur leurs quatre pattes, elles flairaient, elles lapaient l'eau, elles déchiraient les proies. Elles avaient forcément été montées par des loups.

La mère louve, lorsque les hommes les découvrirent, les défendit jusqu'à la mort.

Je pense au sommeil du bébé, qui du cycle sans lumière du fœtus a progressivement « fait ses nuits », dormant à notre rythme, passant des multiples tétées à quatre repas réguliers. Dans l'abrutissement des premières semaines on n'y croit pas, à ce miracle à venir, on ne voit pas comment ni pour quelle raison le bébé adopterait bientôt un comportement aussi facile à vivre.

Je suppose que le bébé ne devient humain que par imitation. C'est une étrange chose à penser, au quotidien : le précipice n'est pas si loin, on a peur de rater un virage.

J'ai connu un chat nourri au biberon, séparé tôt de sa portée. Ce chat croyait être un humain. Il dormait sur le dos dans le lit de son maître. Il ouvrait robinets et tiroirs. Il était assis à table pour manger et n'imaginait pas qu'il pût en être autrement (ni, il faut le dire, son maître).

*

Je connais un enfant de dix-huit mois qui soulève d'autorité les vêtements de sa mère pour lui téter les seins. L'arrogance de ce petit garçon, son manque d'éducation et la violence qui lui est faite, l'humiliation de la mère publiquement possédée par son fils, tout cela me dégoûte.

Quant au sevrage, une puéricultrice, à l'hôpital, parlait avec bon sens de la première dent comme d'un seuil critique.

Il est vrai qu'elle symbolise le passage à une autre alimentation, bien qu'un mamelon endurci par plusieurs mois d'allaitement puisse bien supporter la morsure.

En Scandinavie l'hygiène publique veut qu'on allaite tard, mais pas si tard que cette amie norvégienne qui donne encore le sein à son fils de quatre ans. Le père est parti depuis longtemps. C'est un cérémonial à deux, matin et soir, dans un fauteuil réservé à cet usage, sous les néons d'une salle de bains où ils s'enferment. Nulle arrogance, la violence ici est secrète.

*

Que le bébé soit, pour la mère, le phallus manquant, c'est là un tel lieu commun, une telle vérité d'évidence, qu'il me paraît inutile d'y revenir. La misogynie et la vulgarité de la proposition, même valide, m'agacent. Dans cette systématique, il me semble que le bébé, mouillé, téteur, avaleur, chaud, est pour le père un symétrique exact : le vagin manquant. Le bébé vient, par essence, *en plus*.

La fonction symbolique du père est connue : séparer l'enfant de la mère, prévenir l'inceste. Mais le bébé est à la fois une érection et un trou, c'est sur tous les fronts qu'il s'agit de tempérer l'amour géniteur.

*

Toutes les propositions de ce livre peuvent se renverser. Ma meilleure amie : « Quand nous sommes nées, nos parents suivaient, plus ou moins, la même doctrine : nous laisser pleurer, nous nourrir à heures fixes, nous coucher sur le ventre… Aujourd'hui, l'angoisse est à hauteur du nombre de conseils, alors qu'il suffirait d'apaiser les

jeunes mères : il n'y a pas de théorie uni-
forme du bébé. »

Dans l'anthologique *Allô maman ici
bébé*, John Travolta a cette phrase définitive :
« Le rôle du père, c'est de rendre la mère
heureuse, pour qu'elle ne rende pas fous les
enfants. »

Aux États-Unis, dans un aéroport, je
vois une affiche mettant en garde contre le
shaken baby syndrom, le syndrome du bébé
secoué, qui, paraît-il, fait des morts tous les
ans. Il existe aussi une association de *co-
sleepers*, « ceux qui dorment avec », et une
association contre l'allaitement, pour protéger le bébé des pulsions érotiques de sa mère.
Les peurs des parents, celle du noir, de
l'abandon, du vide, de la solitude, détermi-
nent la façon dont ils feront dormir le bébé :
c'est l'estimation sensée d'une psychologue
à la télévision. À la place du bébé, si je me
réveillais seule dans une chambre noire,
inconnue, silencieuse, je serais terrifiée. Dès
que possible j'ai dormi avec les hommes,
par peur du noir.

Il s'efforce, il nous parle, il va nous le dire : d'où il vient, ce qu'il sait. Il tente des syllabes, il échoue, il s'exaspère, on ne comprend rien, il pleure.

Et quand il saura parler, il aura tout oublié.

Cette lenteur de l'apprentissage, c'est un fait exprès : le temps de l'amnésie. Ainsi s'invente le secret des limbes.

Hier, je le tenais dans mes bras et il fixait un point de l'espace, il tendait la main vers le vide et souriait... Puis il a semblé écouter, il a répondu : « agliba ouija », et il a éclaté de rire.

Ce matin, dans la pièce où il dort, les chaises formaient un cercle parfait autour de son berceau, chacune porteuse d'un livre ou d'un ours.

★

J'écris pour conjurer le sort – tous mes livres : pour que le pire n'advienne pas. J'écris ce cahier pour éloigner de mon fils les spectres, pour qu'ils ne me le prennent pas : pour témoigner de sa beauté, de sa drôlerie, de sa magnificence ; pour l'inscrire dans la vie, comme on signe une promesse, ou comme par un ex-voto on remercie.

Quand j'ai lu, adolescente, *Le Tour d'écrou* de James, j'ai adhéré à la parole de la gouvernante, qui dispute à un couple de fantômes les deux beaux enfants dont elle a la charge. Le relisant aujourd'hui, je sais que cette femme est folle, qu'elle hait ces enfants qui ne sont pas les siens, et qu'elle n'éloigne la petite fille que pour coucher avec le petit garçon. C'est écrit, là, entre les lignes, et c'est à prendre au pied de la lettre.

Rêve d'un livre noir, noir et solaire, le noir jumeau de celui-ci.

*

Moi devant le bébé : « l'entomologiste devant son insecte ».

C'est là le genre de préventions entourant les femmes qui écrivent – être mère n'est qu'une circonstance aggravante.

On m'a demandé ce que je ferais, si je devais choisir entre le bébé et l'écriture. Et le bébé, lui demandera-t-on, avec la même perversité, qui il préfère, de son papa ou de sa maman ?

Il y a les conflits que génère l'écriture, dans l'entourage immédiat et au-delà ; mais cette question qu'on me pose, c'est celle, proférée ou muette, à laquelle se heurtent toutes les femmes : qui préfèrent-elles, mmmh, de leurs enfants ou de leur travail ?

La trivialité qu'on prête aux femmes, leur côté « terre-à-terre » – bouffe, couches, mamelles, harassement du quotidien –, les questionneurs la liront aussi dans mes pages.

*

Le père du bébé, lui chantant *Victime de la mode* en choisissant parmi les cadeaux un énième pyjama. Il y a d'adorables vêtements

que nous n'avons sortis qu'une fois, il grandit, 42 cm, 50, 65... Nous jouons à la pou-
pée en le changeant sans cesse.

★

Un motard dans une pétarade réveille
le bébé, je maudis l'imbécile, je deviens très
« mère de famille ».

Le sérieux affreux d'enfants au travail,
tapis, confection, briqueterie – images d'une
campagne humanitaire. Jamais les manipu-
lations n'ont mieux agi sur moi. « *Made by
children for children* », slogan peint sur un
petit tee-shirt par un artiste. Je le lis en
lettres fantômes flottant autour du bébé, sur
certains de ses vêtements, ses jouets.

★

Dans une scène du *Troisième Homme*, le
héros visite un hôpital où se meurent, de
berceau en berceau, les petites victimes
d'une pénicilline frelatée. Une nonne jette à
la poubelle un ours désormais inutile, une

courbe de température monte sur un graphique : on ne voit pas les enfants, on ne les pleure pas ; on garde les yeux secs pour les actions justicières. Cette scène fondamentale, qui fait chavirer le héros du côté du Bien, m'aurait pourtant paru exagérément sentimentale, *avant*.

*

Encore maintenant je distingue mal son visage. Je sais qu'il a les yeux bleus, les cheveux qui tirent sur le roux – « blond vénitien » dit son grand-père –, les sourcils transparents ; les oreilles bien collées, la bouche petite, avec un cal de succion à la lèvre supérieure ; de grosses joues et un double menton sous un petit menton pointu ; pas de cou. Je sais que si on le regarde vraiment son front occupe la moitié de sa face : c'est au-dessous que commence son visage, yeux, nez, traits, bouche. Je sais qu'il a les épaules larges, d'amusants biceps bien formés, un angiome rouge au bras droit, et d'exquises fesses dodues. Je sais qu'il a les doigts épais, comme moi. Mais

tous ces éléments sont une sorte de reportage auquel je me suis astreinte. J'y procède
sur les êtres et paysages que j'aime depuis le
jour où séparée de ma mère pour la première
fois, j'ai pris conscience que je ne me souve-
nais pas de ses traits, que je n'avais d'elle
aucune photo mentale.

Je me rappelle mieux les photos du bébé
que le bébé lui-même. Les photos saisissent
un moment de son visage; l'aplatissent, le
désenchantent : il bascule dans le monde
matériel. Alors je peux le voir. Dans son
sommeil, je le contemple. À tous les autres
moments du temps, il est une présence vive,
une irruption; un achoppement de l'espace
qu'il tord, remue, projette, fait éclater. Je vois
une lumière étalée et ronde, deux éclats
bleus, un rire; ou une masse violette plissée
sur un cri. Ou bien j'entends un halètement,
je vois un bec en V; ou je sens la chaleur,
l'odeur de farine et de lait, la viennoiserie de
sa chair; ou j'éprouve la tonicité de ses
doigts. Je peux à la rigueur isoler la bouche,
grande ouverte pour avaler, attentive, ou
rieuse. Et quoi, entre ces puits de vie? Le
lien m'échappe. C'est en cela qu'il est séparé

de moi : le cœur du blason me demeure caché. Lui, le bébé, est cette créature inouïe, secrète, totale et floue, en devenir.

Maintenant je comprends l'inceste, celui qui glisse en pente douce, de câlin en langueur, dans la passion du bébé. Et je comprends la nécessité de la Loi.

*

Quand il est surpris il l'est totalement, à la *commedia dell'arte*. Il ouvre les bras, hausse les sourcils, écarquille les yeux, bouche bée. Quand il rit, il se tord. Quand il pleure, de grosses larmes coulent sur ses joues. Quand il a sommeil, il se frotte les yeux. Quand il a peur, son menton se plisse et sa bouche tremble. J'aime surtout quand il étudie, avec un sérieux qui le fait loucher, un passionnant pied de table ou un capuchon de stylo.

Son visage flottant ne s'incarne que dans les émotions. Comme dans les gravures de physiognomonie, il est « la colère », « l'étonnement », « la tristesse » ou « la joie » ;

comme les Arlequins, il est le rire ou la souffrance en deux temps trois mouvements.

Rencontrant un nouveau-né, je suis contente que le bébé ait émergé de ce lac opaque, où la lumière ne tombe que sur des pleurs de faim et des sourires de satisfaction, dans une quasi-absence du regard. Le nourrisson est une présence étrangère, sous des traits bizarrement familiers. Il tient du père, de la mère, mais on ne sait rien de lui. On ne sait pas pourquoi il pleure, s'il a froid, s'il a faim, s'il va crier, s'il va dormir. « L'inquiétante étrangeté », ni plus ni moins, c'est lui. Son regard est celui des mourants ou des aliénés. Parfois l'œil se renverse, le blanc apparaît, la paupière est secouée d'un tic. Il a un voile permanent, presque une taie. Le nourrisson est anxiogène, le nourrisson est pathétique : comme le grand malade, il faut s'efforcer de le soulager, de l'aider, de le comprendre. Il devient le bébé quand son regard se fixe, quand il cherche le monde sous le voile.

L'idée d'écrire sur lui, alors, ne me venait pas. Ma meilleure amie et moi, chacune un nourrisson dans les bras, dans une sorte de malheur. Puis son regard est sorti de son corps. La couleur l'a précédé, elle s'est précisée, bleu-gris, bleu-vert, et le voile s'est déchiré. Cela prend deux à trois mois pour que le nourrisson devienne le bébé : le temps de trouver un mode de garde, de reprendre le travail, de cicatriser le corps, pour se tourner soi-même à nouveau vers le monde, pour être joyeuse à nouveau. À ce moment-là le bébé éclate de rire pour la première fois.

*

Il perd ses premiers cheveux : un duvet plus clair lui pousse. Une dernière houppe rousse lui fait sur la nuque un accroche-cœur.

À dormir toujours sur le dos, il lui est venu une tonsure à l'arrière du crâne.

*

Je serre contre moi son délicieux corps chaud, je le mange, je le rapte. Avec son

86

père, je fais l'amour. J'y vois à peu près clair.
Sortie de l'enfance ?

*

Or il y a au moins un autre univers qui
suscite autant de discours que le bébé. Ici,
mois d'août, chez ma mère, je suis en terre
de corrida. Je lui laisse le bébé pour aller aux
arènes avec une bande d'*aficionados*. Ça
bruisse. Les débats à qui s'y connaîtra le
mieux, où la pertinence technique vaut
moins que la trouvaille en langue, me fati-
guent. J'essaie de me concentrer sur ce qui se
passe là, sur le sable. Je ne pense qu'au bébé.
Ce toro *distraido*, jetant des coups d'œil de
côté, c'est le bébé inquiet ; ce toro qui halète,
reprenant son souffle après la pique, c'est le
bébé qui réfléchit ; ce toro qui agonise, ren-
versé sur le flanc, c'est le bébé après la tétée.

*

Libération, 22 août 2001 :
    « La polémique fait rage en Espagne sur
l'origine du jouet piégé qui a tué, lundi matin

au Pays basque, une femme de soixante-deux ans et grièvement blessé son petit-fils de seize mois. Opéré pendant huit heures, le petit Jokin Galarraga se débat toujours entre la vie et la mort, les deux yeux crevés et le crâne fracturé. [...] Le jouet – une petite voiture chargée de poudre et dotée d'un système de mise à feu – avait été abandonné dans un bar de la vieille ville de Saint-Sébastien, après le passage d'une manifestation de l'organisation de jeunesse Segi, proche de l'ETA. »

★

Fonction du père, fonction de la mère : tout concorde à nous persuader que nous lui sommes indispensables, alors que nous lui enseignons à ne pas pouvoir se passer de nous. Tout individu ou groupe humain qui lui donnerait de l'amour ferait aussi bien l'affaire.

★

Malaise physique, vertige, d'une amie célibataire, témoin d'une rencontre familiale

88

autour de plusieurs bébés : « Ce n'est pas que cela ne me concerne pas, c'est qu'il s'agit d'un univers parallèle. »

★

Plus le bébé babille, plus nous l'imitons. Il forme des syllabes nettes et reconnaissables : « da », « beu », « reu ». L'à-propos de ses intonations nous enchante. Nous dialoguons par échos. La maison où le bébé règne est une maison de fous.

Nos proches ne connaîtront jamais le bébé que nous connaissons, calme, rêveur, celui que n'excitent pas les visiteurs. Si, dans les bras de quelqu'un, il me voit, c'est vers moi qu'il se tend, c'est à moi qu'il sourit. Cela me met d'excellente humeur (où va se loger la fierté).

★

Cent fois je demande au père du bébé de me raconter les minutes où, le marquant à la culotte, il l'a suivi jusqu'à la salle des

couveuses, guidé par une puéricultrice vive
et jolie comme une fée, pendant que j'expul-
sais en pestant mon placenta.

La « salle des couveuses », dans les
vapeurs de la péridurale j'imaginais de
grosses poules en rang, débordant de bébés
sous les plumes.

En fait c'était un endroit technique, où
l'on mettait au point les prématurés, où l'on
effectuait les derniers réglages : un hangar à
fusées.

★

Le bébé rit de bonheur, ou de plaisir,
ou parce que quelque chose lui paraît
comique (la voix de son grand-père, une
chaise en plastique blanc – mais pas encore
les pigeons, les guili, le cache-cache ou les
petits indiens). Il proteste quand on lui
enlève son biberon, et si le scandale se prolonge ses cris virent au désespoir. S'il a
peur, il émet une note aiguë et sifflante. Il
chantonne : il se parle à lui-même. Il
chouine : il a sommeil. Il geint : il s'ennuie.

Quand il nous parle, il nous regarde dans les yeux, il nous interroge avec l'intonation française, montante ; ou il s'exclame, il s'étonne ; ou il se plaint d'un fait précis, il revendique, il soupire. Quand on le prend enfin dans nos bras, il pousse un « ah » satisfait : ça n'était pas bien compliqué.

Et puis il hurle de douleur. Ses cris partent dans tous les sens, des cris de fou, d'aliéné. Il ne nous reconnaît plus, il est bleu d'asphyxie, enflé, méconnaissable. Nous serrons contre nous son corps tétanisé. C'est tout ce que nous savons faire. Et il hurle jusqu'à ce que quelque chose cède en lui : les membres mous, le regard fixe. Ensuite il dort d'un sommeil si long et si profond que nous guettons son souffle.

Banal mal de bébé, disent, en ronde, les pédiatres que nous consultons. « Ça passera avec la fin de l'alimentation lactée » (il a six semaines lors des premières crises). « Ma fille a eu la même chose » (œil humide, éclat de nostalgie). On lui prescrit du *Gaviscon*, du *Motilium*, du *Gel de Polysilane* ; de l'*Enfamil AR*, du *Maalox*, du *Debridat*. Nous, nous voulons un antalgique, un vrai, au moment des crises. Puisque ce mal est si banal, le soulager devrait être banal. Nous avons l'impression de demander de l'héroïne.

Un jour je tombe sur une pédiatre qui me dit qu'elle *ne sait pas ce qu'il a*, et c'est moi qui déjà me sens un peu mieux.

« Il oublie », me dit-on pour me consoler, et je vois un précipice au fond duquel pactisent l'amnésie et la douleur. J'aimerais qu'il apprenne au contraire, qu'il sente venir la crise et la reconnaisse : qu'il se souvienne qu'elle a une fin. J'aimerais me convaincre que ses cris sont de panique plus que de souffrance : l'une me paraît moins horrible que l'autre. Des premières crises datent des cauchemars qui le font geindre dans son sommeil.

Dans le service pédiatrique où il était en couveuse, on lui faisait souvent des perfusions ou des prises de sang. Le protocole était simple : une puéricultrice lui donnait à téter du sucre, une autre piquait. Il était détendu et heureux. Le cerveau du nourrisson n'est capable de traiter qu'une information à la fois : le sucre l'emportait sur la douleur. L'humanité de ces quelques gestes semblait, dans ce service, une évidence, et me bouleversait.

*

Je suis face à un paysage de plaine dominé par une montagne, peut-être un volcan, peut-être l'Islande. La montagne est noire avec des plaques grises et blanches, la plaine orange et bleue, souffre et mousse. Je fais un jardin à côté de ma maison. La terre est noire, luisante, je la lisse. Je forme des terre-pleins, des arrondis, des allées de graviers luisants.

Dans un coin du jardin il y a un homme, puis plusieurs hommes debout. Ils semblent attendre quelque chose, ils se regardent les uns les autres, ils me fixent sans expression. Le soir tombe, gris et humide. J'ai le bébé dans les bras, je préfère m'éloigner.

Je prends une rue étroite dans la ville. C'est une haute architecture sombre, que noircit encore la pluie. Un autobus à impériale me dépasse bruyamment.

93

Au réveil, ces quelques traces de rêve.

*

Début septembre. Ce matin, le père du bébé et ses sœurs, chacun sur sa moto, sont partis conquérants au travail. Je reste avec le bébé dans la maison familiale, sur la terrasse, devant les roses, avec les bols et la théière ; une première fraîcheur d'automne. L'impression inouïe d'être mère au foyer.

Transformation de la nourriture et soin de la progéniture, nobles nécessités, ni féminines ni masculines.

Taches d'huile, de lait premier âge et de thé sur ce cahier, écrit dans la cuisine comme souvent.

Je pétris de la pâte, soleil sur le carrelage. Il est calé dans sa poussette, il tète le museau de sa girafe en caoutchouc. Je fredonne des valses, des musiques de cirque et des paso doble ; par bribes, en pot-pourri, en nasillant ou en roucoulant. Je fais l'imbé-

94

cile, je danse pour lui, il rit aux éclats, me
suit des yeux dans toute la cuisine. Je suis la
reine, la meilleure des mères, la plus belle, la
plus drôle, sa mère-étoile, son grand amour.
Je l'arrache à sa poussette et nous valsons,
c'est un excellent danseur.

*

Grosse chaleur de fin d'été. Le bébé est
vêtu de sa seule couche. Je le vaporise d'eau
minérale, il écarquille les yeux. Puis je
souffle, et la fraîcheur le stupéfie. Il aspire
un grand coup, il va pleurer – il rit. Je
souffle sur ses joues, sur ses épaules, son
ventre, ses mains, ses pieds, tout son corps
en revue. Son rire grêle, encore malhabile,
est tout en bulles et gencives.

La partie de son corps qui lui est dès la
naissance interdite, c'est son sexe, séparé de
lui par les perpétuelles couches.

Mme de Maintenon, m'apprend ma
belle-sœur, recommandait que l'on change
les bébés à la mode anglaise, « avant que le
maillot ne soit gâté ». En France les bébés

95

étaient sanglés dans plusieurs épaisseurs de linge, qu'on ne défaisait que lorsque les taches perçaient.

*

Le voilà qui grogne à longueur de journée, comme un chiot qui défend un os. Je n'y comprends rien ; peut-être essaie-t-il un son plutôt qu'il ne cherche à produire du sens. J'ai hâte qu'il comprenne que ce son-là ne fait pas partie de notre vocabulaire.

« Quand on pense, s'exclame son grand-père, que l'homme ne connaît le langage que depuis quatre cent mille ans ! » Et attendri, gaga, il contemple le bébé.

*

Il cesse de jouer, il nous regarde intensément, fronce les yeux, se concentre, réfléchit, avance les lèvres et prononce : « bleuh ».

*

Quant à l'écriture, les premières semaines je n'étais capable que de constater l'absence de désir pour le texte en cours : il était hors sujet, il ne trouvait plus sa place dans ma vie. Je n'étais pas non plus capable d'écrire sur le bébé. Aucune idée ne me venait, pas même l'envie d'une idée ; mais la stupéfaction devant ce corps surgi ; la torpeur et l'angoisse ; et une joie abstraite, détachée du réel, énorme et ravageuse.

Des sentiments pour pensée.

Ces premières semaines à la maison je le tenais constamment dans mes bras, deux kilos cinq, deux kilos six, deux kilos huit ; l'allaitant, biberonnant, l'endormant. Et je regardais la télévision. Quasi exclusivement des documentaires : le nouveau barrage sur le fleuve Yang-Tsé, la reproduction des grands félins, le harcèlement sexuel en entreprise, les enfants perdus de Johannesburg, le réchauffement de la planète en trois parties (l'inversion du Gulf Stream, les banquises en débâcle, le méthane congelé des profondeurs de l'océan), les plus beaux bateaux du monde, les difficultés d'un charcutier avey-ronnais à trouver un successeur, les génies du XXe siècle en dix minutes (Freud, Flemming, Einstein), les nouvelles armes bactériologiques, Séduisante Salzbourg, la séparation de deux siamoises jointes par la tête, les stations thermales de Bulgarie.

« L'allaitant, biberonnant, l'endormant » : étiquettes que je pose aujourd'hui sur ce marasme de lait et d'images, dans la fatigue des nuits mal dormies. « Profitez-en bien », entendais-je. « Ça passe si vite. »

Pendant toutes ces semaines – jusqu'aux premiers sourires – j'ai vécu penchée sur une créature téteuse, yeux et poings fermés, incapable même de protester si la tétine était bouchée ou quand il n'y avait plus de lait. Il tétait et tétait encore, ses deux neurones tout à la tâche, bloqué sur son programme comme moi sur ma télé.

Le père du bébé avait repris le travail. Je le comprenais. Je me réveillais, je me rendormais, il faisait jour, il faisait nuit, personne ne m'avait prévenue que ce serait si ennuyeux – ou je n'y avais pas cru.

Pourtant, pour la première fois, l'ennui

se superposait à la joie : ces deux extrêmes
cessant curieusement d'être antinomiques.

★

Bonheur d'écrire, bonheur d'être avec
le bébé : bonheurs qui ne s'opposent pas.
Geint encore en moi, sournoise, la petite
chanson : « On ne peut pas être une intellectuelle et une bonne mère », on ne peut pas
penser et pouponner. Sainte Beauvoir.

Bonheurs qui loin de s'entremanger se
nourrissent l'un de l'autre. L'écriture pousse
ici avec le bébé, et le bébé profite de l'écriture, puisque ce cahier rend sa mère heureuse. Je continue à travailler. Combien
d'amies mentalement stérilisées par un
« congé-maternité » exclusivement féminin ;
seules face à une créature inconnue, ralenties
et amoindries par les biberons-couches, et
n'aspirant qu'à retrouver le monde extérieur,
le travail et les hommes ? Le « baby-blues »,
c'est le désespoir d'adultes engluées dans le
rythme d'un nourrisson, ayant à affronter
seules une telle réduction de la pensée. Cer-

taines s'adaptent, résistent, nagent avec le courant et désirent encore – aimant parfois cette étrange fusion, cette fonte d'elles-mêmes. D'autres coulent entièrement, blessures d'enfance rouvertes : c'est un autre malheur, d'une autre nature.

« Donner la vie c'est donner la mort », voilà ce qui est censé déprimer les Occidentales. Sous cette affirmation devenue un cliché, nourrie d'une métaphysique de comptoir, j'entends le « Viva la muerte » des fascistes espagnols.

Le bébé est mortel, peut-être, mais pas par combustion instantanée. Une part de l'amour que je lui porte se manifeste par la peur ; mais il ne mourra pas d'être laissé grandir. Il faut donc le vacciner, prendre des précautions simples, et éloigner de soi, autant que faire se peut, la pulsion de mort (soigner sa névrose).

« Donner la vie » est d'ailleurs une expression sournoise, fondée sur la dette ; « mettre au monde » est plus festif. Une émergence : on pousse hors de l'eau un être qui va vivre, né des courants, des fluides et du temps, plus que de soi.

Enceinte comme un bateau, roulis, tangage, en charge d'un passager jusqu'au port.

Il faut affirmer la joie de mettre au monde, l'éblouissement de laisser passage à une conscience.

*

« Je ne connais pas d'autre grâce que celle d'être né. Un esprit impartial la trouve complète. »

Isidore Ducasse, comte de Lautréamont. Musique !

Et quelques lignes plus haut :

« Pour plaire à sa mère, un fils ne lui criera pas qu'elle est sage, radieuse, qu'il se conduira de façon à mériter la plupart de ses éloges. Il fait autrement. Au lieu de le dire lui-même, il le fait penser par ses actes, se dépouille de cette tristesse qui gonfle les chiens de Terre-Neuve. »

Le rire du bébé ne fait pas mon bonheur, il me met en joie : j'espère, par la nuance, lui laisser l'eau pour naviguer.

★

Jusqu'ici, à part le lait, le bébé aura goûté aux parfums « framboise » (un gel anti-acidité), « banane-fenouil » (un pansement gastrique), « orange-caramel » (des vitamines), « citron » (un cocktail anti-rachitisme), « papaye » (un sirop anti-reflux).

Aujourd'hui, première nourriture solide, premier goût d'été : une pêche écrasée. Il n'oppose aux cuillerées aucune réaction, ni surprise, ni plaisir, ni dégoût. Il avale, c'est tout. Je suis déçue. J'avais choisi ce fruit avec amour, pour ainsi dire. Au bout d'un temps il repousse la cuillère avec la langue, il s'agite. « Il veut bien prendre son médicament, dit le père du bébé, mais maintenant il voudrait son biberon. »

Il connaît aussi le goût de mes seins, et de notre peau à tous deux, qu'il tète sur notre épaule, sur nos joues, au bout de nos doigts.

Il sent le pain grillé, le biscuit, la fleur d'oranger, le miel, le lait, et une ou deux fois par jour, la merde.

Il ne voit pas pourquoi il ferait l'effort de se retourner ou chercherait à s'asseoir. Il est bien où on le pose. Dès qu'il en a assez, il appelle, nous accourons.

*

Son canal lacrymal est bouché, paupière purulente et cils collés. « Il suffit de nettoyer », dit la pédiatre. Ça me dégoûte.

*

« J'irais bien me promener en famille » dit le père du bébé. Avec ses parents ? Je suis étonnée. Mais il parle de nous, de nous trois, et je suis stupéfaite.

Une « bonne mère », saurais-je l'être ? Voilà une question qui ne m'aurait pas effleurée si « mère » et « culpabilité » n'étaient toujours proposés ensemble. J'ai essayé, enceinte, de me concentrer dessus : ne pas me la poser ferait nécessairement de moi une mère indigne. Mais il m'était difficile d'entendre le sens de ces mots ; comme si, « mère », j'allais devenir quelqu'un d'autre, et me doter soudain d'une valeur, « bonne », ou « mauvaise ».

Et puis je suis tombée, dans *Elle*, sur la réponse à la question. C'était un interview de Madonna dans sa période bouddhiste. Elle expliquait que les bébés, dans les limbes, attendent de trouver les meilleurs parents pour eux. Ce ne sont pas les parents qui choisissent d'avoir un enfant, ce sont les enfants qui choisissent d'avoir des parents.

Je les ai vus accoudés aux nuages, s'ennuyant un peu et rêvant, comme les *putti* de Raphaël. Penchés sur les humains puis enjambant le bastingage pour s'embarquer dans un utérus, dans cet utérus, le mien ;

conscients des risques mais ayant mûrement étudié, également, le père ; et de tous les humains possibles – et des chats, et des chiens, des mouches – nous ayant choisis, nous.

Enfants mécontents, qui avez perdu la mémoire de ce choix, vous ne pouvez vous en prendre qu'à vous-mêmes.

Madonna porte un tee-shirt « Mother », et dans son dos « Fucker ».

*

DEUXIÈME CAHIER

Été, automne

Quand on lui tend sa girafe il l'attrape à deux mains, sans hésitation. Quand on lui parle de loin il cherche du regard, il nous trouve, il répond. Quand on propose un jeu – chatouilles, valse, chanson – il éclate de rire. Quand on s'approche de lui il se cache. Il dit *eu-eu-eu-eu* en battant des pieds. Il sait moduler ses sourires : nous saluer, nous séduire, être poli même si nous ne sommes pas drôles, nous reconnaître, nous adorer, nous rassurer. La taie de son regard a disparu, il est vif et fixé, avec nous. Ce n'est plus le nourrisson, ce n'est pas encore l'enfant : c'est le bébé, le bon gros bébé, le vrai bébé.

*

Ces derniers temps, au bout de quelques minutes au sein il se cabrait, donnait des ruades et poussait des cris. J'ai mis toute une semaine à comprendre, ou à admettre, que je n'avais plus de lait.

Inconsciemment c'est cette semaine-là que je lui ai proposé ses premiers petits pots.

Je lui ai dit, formulant nettement les choses comme le premier reportage de psychologie infantile vous l'apprend, que je n'avais plus de lait.

J'ai cru bon d'ajouter que j'étais désolée, que ce n'était pas de ma faute, ni évidemment de la sienne, que peut-être j'aurais à nouveau un peu de lait et qu'on pourrait réessayer, mais qu'après tout c'était sans doute aussi bien comme ça puisqu'il n'allait pas tarder à entrer à la crèche.

Depuis il ne fait plus ses nuits.

« Fin », « début », a-t-il une idée de ces concepts ? Son biberon commence, il est excité et content, son biberon se termine, il s'évertue et proteste. Il semble émerger d'un songe où il n'était que lait, succion, satisfaction ; où la vie s'écoulait dans cette durée blanche.

La fin de l'allaitement inaugure sans doute la série des choses qui se terminent, contre lesquelles je ne peux rien. Nécessaires frustrations : le père du bébé et toute la psychologie moderne me l'assurent.

Quand il était dans sa couveuse, j'avais peur que les puéricultrices le laissent pleurer la nuit, ou qu'il se sente seul. « On ne lui évitera pas les chagrins d'amour » m'avait dit son père.

Le biberon est continu, le petit pot est discontinu : entre chaque bouchée, il réclame ; on enfourne les cuillères dans une bouche en cris.

Pour préparer deux sœurs siamoises à l'opération, une psychologue les fait jouer avec des objets crantés qui s'assemblent et se défont. Elles ont dix-huit mois : « ensemble » et « séparées » sont les concepts qu'il leur faut maîtriser. Elles sont réunies par la tête, comme un grand crabe, et se déplacent de biais après concertation tacite, dans une solidarité d'épouvante.

« Fin », « début », « continu », « discontinu », « séparé », « ensemble » : est-il donc possible qu'il n'ait aucune idée de ces concepts? J'ai du mal à croire à une telle virginité du cerveau. Qu'il faille parler pour penser, que les notions ne viennent qu'avec les mots, la théorie me paraît pauvre.

Une des idées canoniques de la psychologie infantile est devenue un lieu commun : le bébé croit que son corps et celui de sa mère ne font qu'un jusqu'à l'âge de sept ou huit mois, période dite de « l'angoisse de séparation ». Au même moment, il se reconnaît dans un miroir. On dit aussi que la personne se fonde avec le « je », point d'origine face auquel se posent un « tu » et un « il » : le moi, avant cette structure linguistique, ne serait qu'une nébuleuse flottante entre d'autres corps.

Lisant Winnicot ou Dolto, je savoure l'énigme résolue, le mot si juste qu'il sauve. J'assiste – ils s'en défendent – à des séances de magie, à d'efficaces *abracadabra* fondés sur l'expérience et la comparaison, sur l'audace intellectuelle et le bon sens. Un petit garçon dessine des canards parce qu'une maladie lui palme les doigts. Une petite fille est obsédée par les poules parce que son père a une maîtresse.

Pourtant mon incrédulité est tenace quant à leurs théories sur la séparation. Qu'il ne sache encore ni qui il est ni où il est, j'en fais certes l'expérience : c'est vers un autre bébé que dans le miroir il se penche ; et il n'est pas autrement perturbé de me voir en face alors que je suis der-rière lui. Mais il fait la différence entre la nuit et le jour ; entre manger et ne pas manger ; entre ma main, j'en suis sûre, et la sienne. J'ai envie de dire qu'il n'est pas idiot. Ou peut-être est-ce moi qui mélange tout.

Sans doute les choses et les êtres ne s'opposent-ils pas, pour lui, deux à deux. Que son père et moi lui apparaissions comme une seule entité, empêtrée, parfois comique, voilà qui me séduit. Sans doute connaît-il le chaud et le froid, le mou et le dur, l'ombre et la lumière, mais sans associer ces phénomènes, qui se répondent par convention. J'essaie d'imaginer sa pensée, un continuum de sensations et d'images, commençant peut-être à peine à s'agencer autour des quelques syllabes qu'il a pu isoler – mais existant : existant nécessairement avant les mots ; et teintée d'une nuance qui n'est qu'à lui. Il réfléchit, il scrute, il organise, il songe : c'est un être humain.

*

En salle d'accouchement, concentrée sur ce qu'on me disait de faire, j'ai entendu un chevrotement ; je me suis dit qu'un nouveau-né pleurait dans la pièce à côté. Puis j'ai reçu sur le ventre un corps mou et chaud, bleu pâle et violet. J'aurais aimé le retourner pour le voir de face mais j'avais conscience que le temps pressait, nous avions tous peur qu'il ait froid. On me l'avait posé là, deux secondes, parce que ça se fait, par convention, pour ne pas que j'aille protester ensuite.

Je ne parviens pas à me rappeler s'il pleurait toujours ; le son et ce que j'avais sous les yeux, je n'ai fait le lien qu'après.

On m'a rapporté une couveuse. Au centre de la couveuse il y avait des yeux noirs, tout en iris, qui me fixaient. Je trouve ici, au creux du plexus, la limite de ce que j'ai à écrire sur le bébé.

Parmi les choses étranges de ces jours étranges, après avoir si longtemps, pour nous chercher, gardé les yeux ouverts, il les a fermés des jours durant : dans un sommeil de fœtus, agité parfois d'un hoquet, s'éveillant dix secondes et tapant du pied, puis replongeant ; comme dans mon ventre. Dans cette salle des couveuses se poursuivaient, transparentes, les gestations.

Après un accouchement, pour je ne sais quelle raison de sécurité il faut rester deux heures jambes écartées, à plat dos sur la table de travail. Relisant *Interview* de Christine Angot je m'aperçois que ces deux heures, les accouchées « à terme » peuvent les passer avec leur bébé sur le ventre.

Moi, j'ai fait la conversation avec l'aide-soignante. Elle était sympathique et efficace, tout à sa routine, m'entretenant comme elle rangeait les ustensiles et nettoyait la pièce. Nous avons comparé les mérites de cet hôpital et des cliniques parisiennes où elle avait travaillé, puis les temps de transport entre son domicile et ces lieux de travail, ainsi que les écoles des différents quartiers.

Jamais je n'avais eu si concrètement le sentiment d'être coupée en deux : physiquement par la péridurale, dont les effets tardaient à se dissiper ; mentalement par cette conversation : d'un côté les yeux noirs ; de l'autre le bavardage du monde. Ce n'était pas désagréable, ce n'était pas absurde non plus : c'était saugrenu. Je suppose, oui, qu'il s'agissait de sa naissance.

*

Quand il put se passer de couveuse, le bébé eut pour voisine de berceau une très petite fille, née à terme mais pesant trois livres. Elle avait exactement le format et l'apparence de trois pommes ridées. Son visage de magicienne était savant et las. C'est à côté d'elle que nous nous sommes rendu compte que le bébé avait fini par grandir et grossir : il paraissait large d'épaules, il avait l'air benêt et réjoui, il était temps que nous partions. Sur le berceau de cette petite fille on lisait un prénom en A qui me semblait du dernier chic. Ses vêtements en camaïeu étaient – je ne saurais dire autrement – de la texture et de la couleur qu'il fallait. Elle était entourée d'exquises peluches, jolies et drôles, qui semblaient déjà patinées autour de ce bébé neuf.

En face il y avait un bébé gros et rouge, qui avait du mal à respirer. Il portait un prénom de série américaine. On ne s'arrêtait ni à ses vêtements ni à sa peluche. Sa mère était épuisée, elle avait deux autres enfants et venait de loin en banlieue ; à peine sortie de la maternité elle devait faire quatre heures de trajet quotidien.

La mère d'A. était immobilisée par les suites d'une césarienne. Elle allaitait la jumelle d'A., celle qui, dans l'utérus, avait mangé pour deux et pris tout l'oxygène, celle qui pesait le double de son poids et dormait maintenant à côté de sa mère.

Ces choses-là, sur les uns, sur les autres, on n'était pas censé les savoir, mais je ne sais comment, on les savait quand même.

J'avais une affection spontanée pour ces deux nouveaux-nés : les petits voisins, les contemporains du bébé. Et il me venait des considérations sur l'origine sociale et autres injustices, sur le hasard et le destin, parce qu'à somnoler devant des berceaux on s'emplit de soupirs, et de métaphysique.

*

Je lisais *Anna Karénine* entre ces souffles de bébés, et le pédiatre, par boutade, me promettait de me rendre le mien à la fin du millier de pages (et de fait, comme elle se jetait sous son train nous sommes rentrés à la maison.)

*

Des amis nous racontent qu'à l'hôpital de Bamako, où leur fille a été soignée, les rares couveuses sont utilisées pour rafraîchir les bébés, et qu'on fait boire les prématurés dans des capsules de bouteille. « J'avais honte de sortir mes pastilles pour stériliser » nous dit la mère.

*

Je fais longuement pocher une poire, je la pèle, je l'écrase menu menu. Il n'en veut pas. Il veut bien de son petit pot.

*

Roses de septembre, énormes, alanguies. Le bébé tend la main. Yeux virant au noir à force de concentration. Soleil sur le jardin, fin de l'après-midi, quelques lignes pour rendre compte. Sur le gravier, les pas de son père. Un chromo du bonheur, un de ces moments dont on sent, clic, qu'ils font diapositive dans la mémoire.

*

Autre vignette : le grand et gros corps de mon père portant le petit corps du bébé, et leurs profils sur la mer en fusion, photo mentale, été.

*

Et quelquefois, l'envers du jardin, quelque chose de noir sous les arbres, dans le verso de l'air. La sensation d'être en vie en est spectralement aiguisée. J'essaie de me convaincre que la terreur n'est pas l'essentiel de cet étrange amour.

L'autre livre affleure, l'envers sombre de ce livre, sur les lieux mêmes de nos vies. La fiction, pour dire la totalité.

*

Le bébé a compris comment se retourner. Il en est obsédé. Posé sur le dos il balance les jambes, tord les épaules, tend le cou... ses fesses décollent de quelques centimètres, l'effort le pétrifie : une tortue

120

hors de sa coquille. Posé sur le ventre ses hanches basculent, la couche – pof – passe de l'autre côté : il reste bloqué en vrille, un bras coincé sous lui. Mais il n'appelle pas : il a oublié nos présences. Il est seul face à la montagne.

Il lui faut résoudre l'équation de ses membres et de son corps, les coordonner pour changer de position dans l'espace : pour la première fois, par un mouvement autonome, le bébé peut renverser le monde.

Dans son bain, dans son lit, dans sa poussette, sur nos genoux, son seul souci est de trouver l'occasion de s'exercer. Nos risettes ne l'amusent plus, l'affaire a trop d'importance : c'est un adulte au milieu d'enfants.

*

Ce qu'il perçoit du français, ou ce qu'il est capable d'en reproduire, se résume en un long « reueueueuh » : gorge vibrante et museau pointu.

S'il a modulé, il y a quelques semaines,

A-YA-I-YA-O, il est en train de réduire le français à sa plus simple expression, le E : émission de voix plus ou moins prolongée, et bouche en cul-de-poule.

Il est ravi qu'on lui réponde, « a-euh », ou qu'on lui propose de nouveaux sons, « teu ». Il joint les mains, puis, sur toute la longueur d'une expiration : « greu-eu-euh ».

Il a compris que le langage s'échangeait. Nos dialogues ne concernent qu'eux-mêmes :
— Je te parle.
— Tu me parles.
Magie, tautologie qui nous enchante.

Tout à coup il se lasse, regarde de côté, souffle. Le langage lui est une activité parmi d'autres, entre mordre sa girafe, manger ou se retourner.

Sa « grille de rythme », que nous remplissons heure par heure pour son entrée en crèche, suggère une vie toute de séquences : bleu pour le sommeil, vert pour les repas, rouge pour les pleurs, jaune pour les activités d'éveil. Quand il ne fait rien, je ne sais quelle case cocher.

Il rêve, yeux ouverts, calé entre deux coussins. Je suis folle de lui.

Hors de ces moments où il semble fugitivement s'appartenir, il faut toujours, pour le bébé, qu'il se passe quelque chose. Le mouvement lui est déjà une activité (comme pour les adultes prendre le train ou marcher). Remué dans sa poussette, bercé dans nos bras, secoué sur nos genoux, trimballé dans la voiture, le bébé se sent vivant. Très tôt j'ai été frappée par son intolérance à l'ennui : il hurle d'ennui.

*

Couché dans son lit, il regarde tourner les éléphants. C'est un mobile élégant, finlandais, découpé dans des lames de plastique : un éléphant rouge, un éléphant bleu, un éléphant jaune. C'est moi qui l'ai choisi. Le père du bébé constate sobrement que, placé comme il est, le bébé ne perçoit que trois fines tranches et une armature de laiton.

Qu'est-ce que c'est?

Un Mexicain sur un vélo (vu d'en haut).
Bribes de notre enfance à nous.

*

Chimie organique : à chaque petit pot,
courgette, pomme, carotte, que va-t-il ressor-
tir? Quelle couleur, quelle consistance et
quelle odeur?

J'ai gardé l'habitude des puéricultrices :
le torcher à l'eau et au coton. « Parce que l'état
de ses fesses se lit sur le visage de maman »,
ou quelque chose d'approchant, publicité
pour une crème contre les érythèmes.

*

« Jusqu'à l'âge de deux ans, avoir un
enfant c'est abstrait » me disait cet écrivain

124

anglais avec qui je bavardais. Et je veux bien le croire. Je n'adhère pas encore totalement à cette fiction qu'est le bébé.

« *Childfree* » : association américaine de ceux qui refusent d'avoir des enfants. Je connaissais Poppy Z. Brite, qui prône la sodomie contre la perpétuation de l'espèce ; mais les « childfree » sont moins drôles : ils se plaignent du bruit causé par les enfants dans les lieux publics, ou de la surcharge de travail due à l'absentéisme de ceux qui ont charge d'âmes...

Que dirais-je, moi qui suis *with child*, si je devais me justifier ?

J'ai eu un enfant parce que je savais que cela m'amuserait.

J'ai eu un enfant parce que j'ai rencontré cet homme-là.

J'ai eu un enfant parce que je suis pour la reproduction des gens bien.

J'ai eu un enfant parce qu'on m'avait dit que je n'en aurais pas.

J'ai eu un enfant parce que la vie, c'est mieux que *rien*.

Ces raisons ne sont pas prosélytes. Il y a très peu de gens dont je souhaite la reproduction.

Je ne sais plus quel humoriste a dit : « Personnellement je n'aurai pas d'enfants, mais les miens feront ce qu'ils voudront. »

Quand je regarde le bébé, si présent et si étrangement séparé de moi, et si déterminé face au monde, gigotant, goûtant, écoutant, palpant, bille en tête dès la couveuse, je vois surtout que son existence, c'est lui qui l'a décidée.

*

Je rends visite à ma meilleure amie. Depuis que sa fille est née il y a quelques semaines, la télé est toujours allumée. Les femmes au foyer, les oisifs, les dépressifs, les journalistes et les courtiers en bourse, vont être les premiers à voir ce que nous voyons. Un avion s'encastre dans le World Trade Center. Des gens sautent par les fenêtres.

Le Pentagone est en flammes. Les tours s'effondrent.

Des flashs-back d'une passerelle idiote qui y menait, en verre et moquette avec des portes à tambour, nous marchions vite, impatients et fatigués, lors d'une brouille obsolète avec le père du bébé.

Idée irréelle, malaisée, de savoir que le bébé ne connaîtra jamais ces tours, sinon peut-être comme le symbole, la ruine symbolique, de quelque chose que j'ignore encore, un Colisée moderne.

Je me fais du souci pour son avenir.

*

Aujourd'hui, au courrier, un poème d'Australie dont les échos me troublent. Michelle A. Taylor, poète et enceinte à l'autre bout du monde, écrit sur sa grossesse, sur les cerises et sur les tortues. « Your words are resonant to me », me dit-elle. Tout ce qui est amical et gai, consolateur, est bienvenu.

*

Aujourd'hui le bébé tousse. Je pense d'abord à une attaque bactériologique.

Depuis que j'ai vu un reportage à la télévision, je suis obsédée par l'idée de le vacciner contre la variole.

*

Il y a longtemps, sur une aire d'autoroute en Écosse, j'ai vu une femme changer son bébé sur une table de pique-nique, il devait faire moins cinq degrés.

Plus tard, en Islande, des files de landaus garées benoîtement devant les supermarchés, avec les bébés dedans, endormis dans leur anorak.

Plus tard encore, au Texas, j'ai lu dans un journal local qu'un couple de touristes scandinaves avait été arrêté par la police : ils avaient laissé leur bébé devant le drugstore où ils faisaient leurs courses.

128

Ce matin au marché je guettais les autres poussettes, comment étaient habillés les bébés. Il faisait plus frais que prévu, le bébé ne portait qu'un coupe-vent. J'ai vu passer des doudounes, des empilages de pulls, des couvertures, des couettes. Comment sait-on quand ils ont froid?

(Un coupe-vent taille six mois, avec la vraie pochette et les vrais élastiques pour l'accrocher autour de la taille, adorablement inutiles – les K-ways de notre enfance.)

*

Il comprend ce qu'on lui dit : « Tu vas avoir ton biberon », il salive. Si l'on se contredit en différant son repas (parce qu'il a une crotte de nez à nettoyer d'urgence, parce qu'il lui faut un bavoir pour ne pas tacher ses beaux habits – ou parce que le biberon est trop chaud), il proteste avec véhémence.

Phrase magique : « Tu peux dormir » lui fait parfois fermer les yeux.

« Ton papa va rentrer » peut le faire patienter.

« Tu es le plus beau des bébés », il se rengorge.

Quel royaume a notre gentil Dauphin ?
Orléans, Beaugency, Notre-Dame de Cléry
Vendôme-ci, Vendôme-là, Vendôme…

Très tôt il a fait la différence entre la parole et les chansons. Les trois premières notes lui font lever les sourcils, il sourit, puis il rit aux éclats.

Ixil ixil dago
Kaia barrenean
Ontzi xuri polit bat
Uraren gainean.

Père et mère, le patrimoine de comptines : hasards géographiques dont il fera, si ça lui chante, ses racines – « être né quelque part » comme dit la chanson.

★

Après le coup de fil alarmiste d'un ami londonien, le tour que prennent mes pensées je l'ignorais possible : j'étais fataliste, flottante, incrédule, maintenant je suis cette mère qui se demande, fugitivement, où trouver à Paris un masque à gaz en taille six mois.

*

Encore une journée où il a mal au ventre. Nous attendons, lui et moi, des deux côtés de la douleur. Il suffoque, je n'en peux plus, en fin de journée il se calme. Le lendemain il est grognon, il ne veut pas dormir, il ne veut pas se promener, il ne veut pas se taire ; nous ne nous aimons plus.

Le poser là, calé entre deux coussins. Boire un café sur le balcon. Pas une ligne depuis deux jours.

Attendre, toute la journée, qu'il s'endorme, attendre une heure de liberté.

*

Sa grand-mère paternelle lui joue des comptines en lui faisant les marionnettes.

Son grand-père paternel le promène qu'il pleuve ou qu'il vente, et fait semblant d'être rude en fondant.

Sa grand-mère maternelle le câline en basque et s'inquiète en français.

Son grand-père maternel le berce en faisant les cloches, prêt à toutes les compromissions pour un sourire.

Le troisième grand-père, compagnon de ma mère, ne biberonne ni ne lange, mais du bout de ses énormes mains ose à peine, avec adoration, le chatouiller.

Tous s'extasient : il est drôle, rieur, attentif, calme, si mignon, si bien fait, c'est un gros costaud, c'est un gentil poussin, c'est un bon petit gars, c'est un brave lapin, c'est un grand sage, c'est un petit coquin.

Tous en sont fous. Je trouve qu'il a bien de la chance.

Sans eux pour prendre le relais, je pourrais, cette merveille, la planter là quelquefois.

Toutes les mères, à ce que je découvre, ont à raconter ce jour de honte, où entre deux plis de leur gros bébé elles ont trouvé la crasse : ce qui résiste au bain.

À l'aine, sous le cou, sous la nuque, au creux des poings, entre les orteils, dans les oreilles : des bébés chow-chow, des sacs de plis.

Quand l'un ou l'autre grand-père l'emmène pour une promenade, ou quand il est gardé par l'une ou l'autre grand-mère, je n'éprouve nulle inquiétude, mais un grand soulagement : j'apprends qu'hors de ma vue il continue à exister, qu'il peut vivre sans moi, qu'il ne meurt pas sans moi. Je suis en vacances de ma toute-puissance.

La réalité – son existence – dessine peu à peu ma place, me sépare peu à peu de lui.

Dès que je serai suffisamment raisonnable pour m'autoriser un cinéma pendant qu'il est gardé – au lieu de travailler ou de faire la cuisine, de m'efforcer au rendement – j'irai voir le film de Dominique Cabrera, *Le Lait de la tendresse humaine*, sur cette femme qui s'enfuit à la naissance de son enfant.

*

Mettre le bébé à la crèche pour aller au cinéma, seule, à quatorze heures. Boire un café en lisant le journal. Le récupérer en fin d'après-midi, en prenant l'air harassée.

Lors de notre premier contact je bafouille au téléphone avec la directrice. La vieille hantise resurgit, qu'on réduise l'écriture, ce travail, à une lubie de femme oisive. Hantise qu'on décide que mon métier n'en est pas un, et qu'on me supprime *ma* place en crèche.

Cette place dépend de l'organisme où travaille le père du bébé. Toutes les crèches de notre quartier sont prises d'assaut. J'ai encore dans l'oreille le ton de leur refus, la systématique du rituel d'humiliation. Je préférerais des phrases standardisées, des refus types, vides de sens – de ceux qu'ont mis au point les éditeurs – mais qui, au moins, dépersonnalisent l'atteinte.

Je débranche le téléphone pendant la sieste du bébé. Ou bien, si je réponds, je le fais en chuchotant. L'agacement monte chez mes correspondants.

Le père du bébé au téléphone : je lui passe son fils, qui écoute, intrigué, qui dit « eu-eu-eu-euh ».

Que les voix soient ou non attachées à des corps, qu'il y ait plusieurs maisons, plusieurs pays, que le monde se dévide à la fenêtre d'un train ou s'immobilise dans une chambre, que les parents dématérialisés apparaissent sur un écran, que les arbres soient verts, le ciel bleu et les oranges orange, autant de données du monde égales pour le bébé, avec lesquelles il se construit.

« Diabolique », « guerre sainte », « croisade », « bien et mal » – quand le bébé me

135

demandera si Dieu existe, je lui répondrai
que j'espère bien que non.

*

Je commence à dire à mes proches que
j'écris un nouveau livre, pour la première
fois une version de vie : un livre sur « le
bébé ». « Et comment ça se termine ? »
demande, provocateur, un habitué de mes
fantômes. Je ris jaune, et je touche discrète-
ment le bois de ma chaise.

*

Depuis trois semaines au moins, le père
du bébé trouve que ce dernier a de trop
grosses couilles.

Moi, il ne me semble pas. Mais je n'y
connais rien.

« Mon fils a de trop grosses couilles »,
voici la phrase imprononçable qu'il s'engage
à énoncer, sur rendez-vous, devant médecin.

J'ai hâte d'y être.

136

*

Ce matin, appels du bébé vers sept heures. Son père est en voyage. Je claque des dents, j'ai mal à la gorge. La chambre tourne. Il n'y a plus de biberons au frigo. Le bébé hurle, je l'empoigne. D'une main je dilue le lait, je secoue, je fais chauffer. Au dernier moment, je renverse.

Je cogne à la porte du salon. Mon père est là pour le week-end, endormi dans le canapé. Je lui fourre dans les pattes le bébé écumant et recommence la manœuvre. Deux cent dix millilitres d'eau, sept doses rases de lait en poudre. Il existe du lait deuxième âge en bouteilles mais nous n'en avons plus. Le bébé, qui n'a pas mangé depuis la veille, en arrive aux insultes, aux mains. J'entends vociférer mon père en traduction simultanée : « IL VIENT, CE BIBERON ? »

*

« Tota mulier in utero », la femme est toute dans l'utérus : Socrate réserve au seul homme la Raison. Rousseau juge indigne la

137

femme qui écrit au lieu de s'occuper de ses enfants. Quatre ou cinq femmes sont réunies dans cette émission de radio et concluent, à propos du désir d'enfant : « C'est cet insondable mystère qui fait que la maternité est inexplicable au philosophe. »

Je ricane dans ma cuisine.

J'attends de ces chercheuses ce dont je suis incapable, une théorie du bébé – au moins une ébauche. À la place, la voix-maman : ces lieux communs que chacune croit siens parce qu'ils résument si bien, et si pauvrement, l'expérience personnelle et banale de la maternité. Voix fondée sur le mystère, vibrant de son sacro-saint mystère – sa tessiture même, sa féminine mélodie de gorge : le mystère pour rendre impensable ce qui nous séparerait des hommes, et pour transformer la philosophie en causerie.

Le bébé rend les femmes idiotes.

*

Le pédiatre à qui nous montrons, hésitants, les couilles du bébé, nous envoie d'urgence à l'hôpital.

Je suis la pire des mères. J'ai pris à la légère, à la plaisanterie, le cancer des couilles de mon fils. On va les lui couper. Sarasine, Abélard : peut-on vivre heureux en vivant châtré ?

C'est un problème bénin. Un chirurgien enveloppe la zone incriminée dans une sorte de cellophane anesthésiante, pendant qu'une infirmière y va de sa comptine. Un peu de gaz hilarant, et c'est en quelques minutes que l'eau qui gonfle ses bourses est ponctionnée.

Le soulagement me rend hystérique. Je félicite, je remercie, j'admire bruyamment le protocole antidouleur.

Si le problème se repose, il faudra opérer. L'idée d'une anesthésie générale m'angoisse, mais la péridurale, nous explique le chirurgien, est peut-être possible. « Il restera hémiplégique, dis-je au père du bébé, c'est toujours mieux que mort. » Il me foudroie du regard, puis le fou rire l'emporte. Je suis peut-être la pire des mères, mais le père du bébé est amoureux de moi.

*

Dans le train à nouveau. Calé sur son siège comme une petite grande personne, le bébé, côté fenêtre, tient droit sa girafe. Il regarde défiler le paysage avec un léger pli du front, attentif, étonné, sérieux.

Au bout de cinq heures de voyage, c'est avec des éclats de rire qu'il accueille ma mère. Ce petit cerveau efficace a mémorisé les gens qui l'aiment ; et fait la différence entre celles (puéricultrices, baby-sitters) qui sont aimables par profession, et celles ou ceux, même maladroits, qui s'en occupent avec amour.

Aux inconnus il sourit à tout hasard, battant des cils : « Je suis gentil. » Prudence, opportunisme, curiosité de petit humain qui reconnaît son espèce, je ne sais ce qu'il y a derrière ces sourires. Mais quand j'y vois de la candeur, j'ai mal pour les coups qu'il prendra.

*

Nous avons acheté un caméscope. Le bébé sur l'écran paraît plus réel, délimité, tangible, que le bébé dans mes bras – cette nébuleuse, cette créature qu'il me faudrait manger ou violer pour m'en repaître enfin.

*

Le truc du jour : lassée par les projections et la lenteur de la becquée à la cuillère, j'invente le milk-shake pour bébé, un cocktail de compote et de lait qu'il biberonne sans m'embêter. À dix-huit ans, de toute façon, il saura manger avec des couverts.

*

Quand je le filme il cesse de rire ou d'être si mignon : il fixe l'engin, interloqué. Sur toutes les images, la même tête : il se demande ce que je fais.

*

Dimanche matin, onze heures, nous nous réveillons doucement : comment s'est-

141

il retrouvé dans notre lit ? Nous aurait-il conditionnés au point que, somnambules, nous nous rendons à ses appels ?

Nous nous réveillerions à midi qu'il attendrait tranquillement, sans réclamer son biberon, pour le plaisir semi-licite d'être au lit avec nous.

Un homme et une femme tassés dans un petit lit, trois enfants endormis dans le lit conjugal : cette publicité pour meubles m'avait déplu, avant la naissance du bébé.

« Prévoyez un grand lit » nous avaient pourtant avertis des amis.

Jonathan Coe, écrivant pour un magazine sa vie de père de famille : « Il semblerait que les mystères s'enchaînent, une fois la nuit tombée, dans mon appartement. Nous dérivons tous les quatre, de lit en lit, selon d'aléatoires chorégraphies de somnambules. »

« Tu ne veux tout de même pas le rendormir dans son berceau ! » s'exclame une amie, mère de trois enfants. « Tu seras fatiguée, et rien de bon ne peut en sortir. »

★

Je regarde une émission où de jeunes femmes passent des épreuves pour devenir chanteuses. « Que mon fils soit fier de moi » est la motivation de beaucoup d'entre elles (jamais « ma fille »).

Cette phrase ne me vient pas. C'est sans doute un privilège : ne pas avoir à justifier ma vie et mon travail sous l'angle de ma progéniture.

★

Giggle : le français n'a pas de mot pour le rire enfantin, clochette en fond de gorge, bouche fendue sur un long i. Seule avec lui dans la voiture je module au hasard des litanies de mots, en anglais ou en espagnol, pour essayer d'entendre, par contraste, ma langue, pour essayer d'entendre ce qu'il apprend.

Une équipe de télévision basque venue m'interviewer lui fait des guilis dans cette langue de mon enfance, celle que me parlait, pour les mots d'amour, ma mère, celle que pour les secrets elle partageait avec ma grand-mère : j'ai oublié le basque.

Quand ma mère parle sa langue au bébé, j'accepte pour mémoire, je leur laisse cette connivence. Mais quand ce sont des inconnus, j'ai l'impression qu'on me l'enlève. Il gazouille, heureux, happé par un monde qui fut mien, qui ne l'est plus. Je me sens en danger, comme s'il allait passer de l'autre côté, me trahir avec je ne sais quels ennemis, avec mon enfance à moi.

Pauvreté de ne lui parler qu'une langue, lui qui pourrait les absorber toutes. Quand je m'essaie à l'anglais, entend-il l'artifice ? Il proteste.

*

Dans la voiture, il s'impatiente. À bout d'idées, je lui donne un peu de lait. Il croit que le repas a commencé : la situation empire. Sans y croire, mal à l'aise, je me penche à nouveau vers lui et lui dis la vérité : je lui ai donné du lait à mauvais escient, il aura la suite plus tard. Instantanément il se calme, et même, il me sourit.

La seule chose avec laquelle il ne faut pas plaisanter, avec lui, c'est la nourriture. « Comme sa mère », dit le père du bébé.

★

Curiosité, désir exploratoire : je voudrais le tripoter un peu plus que de raison pour observer les réactions de son pénis. Or je n'ai besoin d'aucun matériau du réel pour écrire ce livre évident, un inceste mère-fils. Il suffit d'imaginer, de se laisser glisser sur la pente de la pensée, de la fiction. Quand j'ouvre la couche, parfois son sexe est quasi inexistant, tirebouchonné sur les bourses : un peu de peau fripée ; parfois il est tendu, dressé, choquant et mignon à la fois, une bite de deux centimètres. Si l'écriture affronte la maternité, c'est à cet endroit du monde, la bite de mon fils, et nulle part ailleurs. Encore est-ce une vision angélique de l'écriture, une phrase que j'écris pour le plaisir des mots : la bite de mon fils, la bite de mon fils.

À supposer que la question se pose (et je ne le crois pas) qu'il ait à me *pardonner* ce livre, qu'en diront ses frères ou sœurs qui – tonneau de mots vidé sans doute – n'en susciteront pas tant chez leur mère ?

Ce livre incestueux serait joyeux de rythme, de baisers en caresses en gestes exagérés, un peu trop d'effusion, de solitude et d'abandon, dans un couple pourtant aimant, d'autres enfants sans doute, une petite sœur qui viendrait déranger les choses, beaucoup de soleil, un jardin ; et l'absence à soi-même dans la peau de la mère, à la première personne, par structure.

Aucun propos n'a de pertinence en soi : un livre ne prend sa nécessité que dans l'écriture effective, dans sa visée : dans sa capacité à rendre compte du monde. Certains livres fantômes ne naissent, au revers des phrases, que pour les nourrir par capillarité.

Projets :

Un roman en Antarctique, *White*, en deux volets distincts.

Une trilogie, *Géographie*.

La Princesse de Clèves, à écrire par éclatement, comme un mobile de Calder.

Une *Mary Stuart*.

Une pièce de théâtre pour maison hantée.

Un scénario de film pour mon ami Glen.

Des livres pour enfants où on lirait « faire l'amour » et « Dieu lui apparut sous la forme d'un lapin des neiges ».

Et aussi :

Avoir un autre enfant avec le père du bébé.

En adopter.

Vivre en Australie, au Pays basque, dans les Aléoutiennes.

★

Long week-end en pays natal. Le vent du sud rapproche les montagnes et rend la mer plus bleue, les arbres plus verts, d'un

147

bleu et d'un vert élémentaires, d'enfance. Frôlement, crépitement, un souffle d'âtre en plein été. Il fait trente degrés. La mer est toute à nous.

Nous l'imaginons, plus grand, avec son seau et sa pelle ; ou devant les phoques au musée de la Mer ; ou en bottes jaunes dans les flaques à crevettes. Quand nous nous penchons sur lui dans sa poussette, il est par contraste étrangement réel : lui et pas un autre, ici et maintenant.

Nous le rêvons de moins en moins, il est de plus en plus présent.

*

À ma mère : « Je n'ai pas dormi de la nuit. » Elle : « Le pauvre petit ! »

En guise d'au revoir, sur le quai de la gare : « Il a chaud, tu n'as pas oublié son biberon ? Tu le changeras, dans le train ? Ne le secoue pas comme ça, tu me fais peur. » Il y a encore un an, elle s'inquiétait de mes cernes, de ma vie, de si j'avais emporté un sandwich, de si j'avais à manger en arrivant. La maternité saute un cran.

La paternité aussi : mon père, qui s'est souvent vanté d'avoir fermé la porte sur mes pleurs, saute sur le bébé au premier couinement.

Ma mère, bravache, sourit en racontant que sa propre mère n'a pensé qu'à nous, ses petits-enfants, pour distribuer ses trois babioles sur son lit de mort.

*

Le bébé que j'étais a vu, à six mois, l'homme marcher sur la Lune. Mes parents m'avaient réveillée au milieu de la nuit pour me mettre devant la télé. J'aime qu'ils aient eu cette idée, j'aime les jeunes gens qu'ils étaient.

Le bébé que j'étais a reçu deux chocs sur la tête :
1) glissant de l'épaule de ma mère qui tentait, chargée de courses, de grimper l'escalier du parking ;
2) jaillissant des bras de mon père qui me jetait en l'air trop près du plafond.

J'aime la symétrie de ces récits croisés :
une chute et un jet, le sol et le plafond, ma
mère et mon père, les corvées et les jeux.

Le bébé que j'étais « ne disait jamais
rien ».

« Tu as parlé à dix mois et marché à dix-
huit. »

J'avais de l'érythème aux fesses. On passait mes langes au Stérilange. Les couches
jetables n'existaient pas encore.

J'étais difficile à chausser.

J'ai mangé des crottes de bique en les
prenant pour des bonbons.

Ma première nounou avait des crises de
delirium tremens, mais mes parents ne l'ont
su que tard.

J'étais si goulue qu'il fallait fendre mes
tétines.

J'avais des bavoirs en éponge et den-
telle, que ma mère m'a donnés.

Mon nom est brodé dessus.

Je les tourne et retourne entre mes
mains.

La fiction, elle est là.

*

Aujourd'hui, jardin du Luxembourg sous le ciel rapide, dans la lumière specta- culaire je sais pourquoi j'aime Paris.

Je suis pressée, joyeuse, pourtant être harnachée à ma poussette m'est toujours une humiliation. Les pas sont raccourcis, il faut manœuvrer, ralentir, attendre au pied des escaliers. Pour la moitié des hommes – les plus jeunes et les plus vieux – je suis devenue invisible : les lycéens assis en cercle dans les allées grognent, dérangés par mon attelage – je suis respectable ; pour les plus vieux, c'est trop d'inconvénients : ça risque toujours de venir cogner dans les jambes.

Les autres, ceux qui s'arrêtent pour m'aider en faisant la conversation, sont ceux qui ont déjà leur compte de marmots, et dont l'œil est exercé au désir sur les mères. Je n'ai jamais autant devisé avec des quadragénaires bien mis, encravatés, traver- sant les jardins à grandes enjambées entre deux rendez-vous.

Je dors un peu moins qu'avant. Les rides entre les sourcils et sous le nez se marquent. Hier le père du bébé a dansé autour de moi la ronde de l'Apache : il m'avait trouvé un premier cheveu blanc.

★

La crèche, la jungle. Douze bébés carambolés dans un désastre de cubes et d'ours. Le plus grand, assis sur ses huit mois, domine d'un air anxieux en pompant sa chuquette. Un petit est sur le ventre et braille ; un autre le considère, pensif, puis le frappe avec méthode à l'aide d'un hochet. Une puéricultrice intervient : l'agressé, dans les bras, triomphe, l'agresseur hurle de dépit. Un autre a depuis cinq minutes la tête coincée sous un coussin. Il bat des pieds. Un autre est au désespoir, on ne sait pourquoi au juste. Son voisin en vomit de rire.

Le bébé, dans mes bras (c'est la « semaine d'adaptation »), observe avec détachement, m'interrogeant fréquemment du regard pour vérifier que nous sommes bien d'accord.

152

Les pauvres, pense le bébé. Ils n'ont pas de maman.

Le monde extérieur, la crèche, les autres : métaphores, pense le bébé.

Le lendemain, quand nous revenons, il me regarde avec inquiétude : c'est donc sérieux ?

De grosses larmes sur ses joues, il m'implore. Je suis un monstre.

Heureusement, demain, c'est son père qui l'accompagne.

*

Devant ses semblables, le bébé est intrigué. Il ne leur sourit pas : il les étudie. Dès le premier jour, il renverse la pile de cubes, balance les culbutos, secoue les portiques et se retourne, poum : comme tout le monde. Autant de choses dont nous ne le savions pas capable, bêtas que nous étions, à lui proposer toujours sa girafe. Ceux qui se tiennent assis le laissent bouche bée. En trois jours il grandit de trois semaines. Le soir quand je le retrouve, je veux déjà le ramener à moi, l'étouffer, le ralentir ; le bébéifier de câlins que je crois consolateurs.

Il s'adapte mieux que moi.

Je vais bientôt pouvoir écrire sur autre chose.

D'ailleurs j'ai eu mes règles : on appelle ça, je crois, le « retour de couches ». Je comprends maintenant cette expression de bonne femme : il est sorti de moi en effet, il est au monde : une page est tournée, une année s'est écoulée... cycle bouclé, roue qui repart... Résonance intime et douce, un peu fade, entre les lieux communs et la maternité.

★

Le bébé est à la crèche. Au lieu de travailler, et sous prétexte de dupliquer des vidéos, je passe la matinée devant des images de mon fils.

J'achète, forcément, la crème qui est censée lui faire les fesses roses. Ce classique de la puériculture sent, je le découvre, fortement le poisson. « Huile de foie de morue », indique la composition. Un enfant grimaçant sur une cuillère, une orange à Noël, des chevaux, un cerceau... quelque récit légué par un aïeul, ou si bien ancré dans ma mémoire collective que l'huile de foie de morue, ce fortifiant tombé en désuétude, participe – je l'ignorais – de mon patrimoine.

Les « lingettes » imprégnées de lotion, pour le torcher en cas d'urgence, ont elles aussi une odeur très forte, un parfum acide et poudré. Un seul paquet ouvert et la salle de bains en est imprégnée. Peu à peu j'associe cette odeur avec le fait de le changer. Un jour j'ouvre un nouveau paquet et je recule, interloquée : ça sent la merde.

Un ami m'explique qu'autrefois les biberons étaient de longs cornets en bois qu'on donnait à téter par leur extrémité la plus fine. Il existait aussi des gobelets munis d'une languette pour faire couler le lait dans la bouche. Les bactéries macéraient dans les rainures : on tuait les bébés au lait caillé. Un

objet aussi simple que la tétine en caoutchouc, pour museler le bec de la Camarde.

*

Un couple d'amis nous raconte comment est mort un bébé de leur entourage :
son lit était sous une fenêtre, il a voulu attraper les rideaux, ses parents l'ont retrouvé
pendu à la cordelière.

Une catastrophe pareille, on doit entrer
dans la folie, croire à la malveillance des
choses : à l'existence de la mort comme une
entité à l'affût, prête à damner le quotidien.

Notre appartement en est enlaidi : c'est
un piège, une fosse hérissée de broches à
bébé, un nid de nœuds coulants, d'aspics.
Nous neutralisons les anses du couffin :
nous sommes des criminels, de n'avoir pas
vu cet objet sous son aspect létal !

Mes neurones luttent contre ces his-
toires comme des globules blancs contre
une infection.

À cause d'elles sans doute nous n'avons

156

le reconnaître. « Il est là ! » rit la puéricultrice. Il s'était sali, elle l'a changé. Je reconnais le pyjama avant de le voir, lui.

Tête ronde, ventre rond, yeux ronds, beaucoup de front, nez rond et bouche ronde. Il y a dans cette crèche des bébés cubiques, triangulaires, ovales, des bébés losanges et des bébés en poire ; mon fils est sphérique – car je l'ai vu objectivement, avant de mettre un nom sur cette bouille, avant que les lutins de notre intimité ne reviennent danser dans mon regard, me brouillant la vue, ouvrant d'autres yeux sous mon bonnet.

*

C'est un être à qui l'on a jeté un sort : il a su parler, marcher, s'asseoir correctement, mais un envoûtement le tient dans cette enveloppe petite et maladroite.

Je connais la créature adulte prise dans cette chair ; je l'ai déjà rencontrée, je vais la sortir de là : mais son visage m'échappe toujours, j'ai son nom sur le bout de la langue.

Le contraste entre l'importance de sa fonction – le bébé – et ses traits poupins, entre sa place dans la famille et sa débonnaire apparence, crée cette tension, cette trompeuse familiarité : nous le prenons au sérieux mais en riant affectueusement ; nous lui adressons des « Monsieur » de carnaval. C'est un ambassadeur d'un très petit pays, sans pouvoir effectif, mais dont la position géostratégique nous incite aux plus grands égards.

*

Je lis que l'un des kamikazes du 11 septembre avait laissé pour exigence testamentaire, entre autres délires de pureté haineuse, qu'aucune femme enceinte n'assiste à son enterrement. Non aux femmes enceintes ! Vive la mort !

*

Le retour de la crèche : quarante-cinq minutes de poussette à travers Paris : le Luxembourg, les jardins de Port-Royal, puis les boulevards du treizième arrondissement, les marronniers empoussiérés des contre-allées ; ou bien, s'il pleut, le bus n° 21 et ses problématiques marches d'accès, l'interdiction à braver, la réprobation du chauffeur, la foule râleuse, la touffeur, la buée ; la baguette de pain en bas de la maison, dégager une main pour prendre le courrier ; l'ascenseur où les roues se casent au centimètre près ; la clé à retrouver au fond du sac ; et s'affaler sur le lit avec le bébé. Nous restons silencieux dans la couette, souffle dans souffle, poreux à la chaleur de l'autre. À plat dos, il agite un pied, attrape un bout de drap qu'il mâche... puis ses mouvements s'apaisent, les ondes se retirent de lui, marée basse, échoué. La peau au creux de son cou est d'une douceur de génoise. Je suis un point de conscience, les yeux fermés, le corps étale... Des bribes de la journée, des lieux, bassin de la Villette clapot à ras de quai, et les moulins qui marquent l'entrée du passage : je monte la côte le long du champ de maïs, le car scolaire démarre, les pneus tracent des bandes noires à travers le filet d'eau qui sourd du macadam... trois petits visages à l'arrière, narines dessinées dans la buée...

un bruit de clé dans la serrure, arc électrique entre le bébé et son père : les corres-

pondances entre les lieux et les temps se sta-
bilisent, leur corps et le mien se délimitent,
je me réveille, nous sommes ensemble.

*

Maintenant je reconnais les nourris-
sons : les traits qu'ils auront plus tard ne
sont pas encore dilués dans les grosses joues
des bébés. Le nez, les yeux, la bouche, sont
resserrés à fond, un poing fermé : il faudrait
les gonfler à l'hélium pour voir s'épanouir
un peu de douceur, de joliesse. Ces concen-
trés d'être ne plaisantent pas, ils sont là
pour prendre la place.

*

Le bébé s'est métamorphosé en tuyau :
en haut, c'est à moitié bouché, ça tousse, ça
vrombit ; en bas, ça se vide en une chiasse à
peine humaine, des grains verts à odeur de
pétrole.

Bronchiolite.

Le kinésithérapeute écrase le bébé, lui
laboure le thorax, plante ses pouces dans

son larynx en lui essorant à pleines mains le crâne, enfin plonge quatre doigts dans sa gorge pour en extraire des nids de glaires.

Elles semblent venir de partout, avoir englué les canaux de ses bronches comme ceux de son crâne, engorgé veines, artères, jusqu'aux globes oculaires : sous les mains du kiné qui le pressent, le bébé crache son virus en hurlant.

Il n'en revient pas (nous non plus). Au premier geste sur son ventre, il a ri ; puis il a paniqué. Nous, nous faisons les parents modernes : « Le monsieur ne te veut pas de mal, il cherche à te soulager. » J'ai envie de pleurer. Le monsieur est un homme plus jeune que nous, c'est sa trente-huitième urgence du dimanche, cette épidémie de bronchiolite l'épuise, il a lui-même des enfants, il n'est pas là pour faire du senti-ment. Je crois qu'il préférerait que nous nous taisions.

C'est encrassé : on récure. C'est encombré : on déblaie. Cette kinésithérapie respiratoire est le seul traitement contre la bronchiolite : c'était sale, maintenant c'est propre. On voit tout de suite le résultat : le bébé fonctionne mieux.

Il s'endort dans nos bras, sonné, le souffle fluide.

Une séance par jour, quinze jours.

*

Éviction, des mots déboulent dans notre vocabulaire, celui-ci s'accompagne de soupirs : le bébé est trop contagieux pour aller à la crèche.

*

Mon bureau, sommairement divisé en attendant que nous déménagions, est aussi sa chambre, encombrée de revues, imprimantes, vieux fax, jouets, lettres…

Je cherche un livre, je fais tomber la pile : il se réveille. Billes bleues soudaines, visage effaré : il prend son souffle avec cette stridence qui marque chez lui la peur.

Je me demande à quoi lui sert ce réflexe : il serait incapable d'échapper seul à un danger. Le bébé est la seule créature au monde à n'être doté, comme moyen de défense, que d'une sirène – certes puissante. Sonner l'alarme et attendre les secours tient lieu chez lui de pattes pour courir, de jet d'encre pour aveugler, de jeunes griffes.

Pourtant c'est en chiot voire en lionceau qu'il s'attaque à ses cubes, se jetant dessus avec férocité, les rongeant avec hargne. Mais si on les lui retire – mordrait-il? – il nous regarde avec étonnement, gentil, curieux, bon sauvage.

★

La fille de ma meilleure amie pousse des cris de petite otarie. Le bébé, lui, a un vibrato au fond de la gorge, un jeune geai. Autant de sons qui ne sont qu'à eux, qu'ils ne s'empruntent ni ne s'échangent, au rebours du langage à venir.

« Ce sont les éléphants, qui font ça », explique mon amie à sa fille barrissante. Les petits des humains sont explicitement élevés contre les animaux.

Depuis six mois, dans ces cahiers et dans mes gestes, je bardais le bébé d'amulettes et de gris-gris : ils se retournent contre moi. (Ne jamais jouer avec les amulettes.)

Allongée dans l'ambulance, Paris au-dessus de la tête, cime défilante des arbres, pierre claire des étages du haut, le ciel en rubans bleus dans le couloir des rues – je pense au bébé, tagadoum tagadoum, trimballé dans son landau.

Chaleur maternelle et morbide de la morphine : se laisser porter. Ne plus avoir besoin de rien.

Les infirmières articulent et parlent fort. Elles sont pressées, sadiques ou tendres. Elles me houspillent, me lavent, me bordent. Elles me grondent pour manger, éteignent ma lumière pour dormir. Je suis sur le dos et je m'intéresse. Je fais un stage chez le bébé.

Le personnage d'*E.T.* me visite par éclairs : le calvaire d'un extraterrestre adulte pris en charge par des enfants.

Je crois comprendre aussi que les spirales blanches d'où sortent les bébés sont les spirales noires où basculent les gens : +1, −1, ping-pong métaphysique, crépitement de calculette laissée sous tension dans un bureau vide.

Tout est limpide, cohérent.

Un jour, entre deux portes, on m'amène le bébé. Mes gestes sont empêchés, il crie de frustration et d'incrédulité : je ne peux pas le câliner, l'embrasser, l'emporter. Le lien est en suspens, nous sommes interrompus. Notre conversation n'existe que dans l'intimité, dans le flux routinier, une chanson à nous et qui s'exporte mal. Vent froid du hall, sous la lumière glacée, superbe, des tours de Notre-Dame. Je pleure. M'a-t-il déjà vu pleurer ? Il se tourne alarmé vers son père. Puis il me reconnaît. Il pleure et il rit dans la même minute. Tous les déglingués de l'Hôtel-Dieu entourent et bénissent notre sainte famille. Tout le malheur du monde, les familles disloquées, les cancers, les incendies, s'abattent autour du bébé dans le bourdon de Notre-Dame.

Mais c'est comme ça depuis le début. C'est comme ça depuis sa naissance : cette bulle assiégée, cette folie de la fragilité ; comme si la bulle était innervée de vaisseaux qui ventousent le monde avec plus d'intensité, plus de vraie solitude, que lorsque j'étais seule, et que la mort était ailleurs.

*

Au retour, il pleure en me voyant des sanglots mûrs, vieillis. Ce n'est pas un bébé irrité par l'opacité des choses, c'est un enfant que désespère cette révélation : je suis sa mère, et je peux ne pas être là. Il a navigué comme Ulysse, à vue : l'absence, le voyage, l'a laissé dans la durée, étonné peut-être, mais participant à la vie des insulaires, mangeant et dormant, continuant à avancer. Comme Ulysse il a la nostalgie du retour : c'est la vue du pays d'avant qui le bouleverse, qui lui fait prendre conscience de l'éloignement et du manque ; les berges se referment comme un clapet, l'esclandre c'est maintenant qu'il le fait éclater.

La directrice de la crèche nous avait avertis : des enfants hurlent, embrassés trop vite par leur mère impatiente : ils comprennent qu'elle n'a pas été là, puisque la voici de retour.

Les bébés orphelins se réfugient peut-être dans cette durée paradoxale, dans le flux des biberons, des siestes, des baisers des autres... Dans une absence, un décrochement, que rien ne vient confirmer... Sidérés jusqu'à quel accostage ?

Huit jours sans lui : rien et beaucoup. Je laisse passer le drame. Il ne m'a pas manqué. Je me suis reposée de lui, il était abstrait, lointain : je ne l'ai pas encore dans la peau. C'était de le revoir, entre deux portes, qui me déchirait. Je chantonne sans conviction nos refrains habituels. Je ne retrouve pas le ton. Tout ce que je lui dis sonne faux, sonne bébé : je m'entends et me regarde faire. J'enfile des habits trop grands, j'endosse un rôle : maman. Cet épisode m'a fatiguée. Je prends conscience, moi aussi, que nous étions séparés.

C'est un amour réciproque et fragile, comme ces fontaines japonaises toutes de vases communicants, une goutte tombe ici qui renverse une coupelle là… Il ne me sourit pas ? Je reste à distance. Je cherche mes gestes ? Il ne trouve pas les siens. Nous nous écoulons, solitaires. Pendant deux jours, lorsqu'il émerge de sa sieste et qu'il me voit, il a une crise de nerfs, inconsolable, vengeur. Je ne me prête plus qu'à demi. Mes bras s'ouvrent avec réticence, je crains les rebuffades. Le don, je ne l'ai plus. Je l'aime donc sous condition ? Je l'aime, s'il me le rend bien ?

Le nourrir, le changer, lui faire prendre un bain : tâches de titan. Le trajet à la crèche : traverser l'océan. Pendant mon absence le père du bébé s'est appuyé sur ses parents. Maintenant, c'est le tour de ma mère. L'espace de l'appartement est tissé de liens. Je vois les guirlandes festonnant nos corps, les reliant et s'entrecroisant, jetés de mon lit aux bras de ma mère à travers le corps du bébé. On trébuche, on se noue, on s'enlace. Des années à leur dire, les parents, qu'on n'a plus besoin d'eux, et les revoilà, ombilicalement à l'appel. En paix, sans rancœur, sans dette, j'apprends le basque sous ma couette. Ikasten ari naiz.

*

Dans mon dossier médical, je lis : « tenancière de son état ».

Projections, glissements sur le mot « romancière », sur ces femmes-là, leur mauvaise vie. Hugo, Zola – ou Guy des Cars.

« Si vous voulez d'autres enfants, il faut vous reposer. » Dormir, somnoler, faire la sieste : alors le livreur de bébés sonnera de nouveau ?

*

La position assise – qu'il ne tient qu'aidé – lui libère les mains : en six mois il

171

a survolé les millions d'années qui séparent l'Australopithèque du Néandertal. Il sait attraper du bout des doigts, délicatement : sa poigne de bébé s'allège. Il ne sait pas encore lâcher sur commande, mais il se souvient des singes pour ramener d'un pied les objets qui lui échappent.

Il quête le regard, sourit, essaie de nouveaux cris – *Ka-yaï!* Victoire!

Dans son bain, il frappe l'eau du plat des mains. Les éclaboussures lui font une tête de César, cheveux en couronne, glorieux.

Loin de mon regard il a changé, il a grandi, le bébé.

*

À peine guéri, il rechute de sa bronchiolite.

Je hais les microbes.

La bronchiolite est un virus, me rappelle le père du bébé.

*

Poules, vaches, abeilles, vélo : son ima-gier est plein de ce qu'il ignore encore. Nous photographions son biberon, sa girafe, sa poussette, ses grands-parents, nous-mêmes, et lui donnons le tout dans un album de plastique mou, à mâcher.

J'ai annulé des conférences, *poor little rich girl*, un voyage en Afrique. Je voulais étudier, au Louvre, les Jésus et les chéru-bins, comment on peint les bébés. Je n'ai pas pu l'accompagner au parc ce dimanche.

Or il a rencontré les canards. Cris, rires, mains au ciel, pieds en sarabande : pour la première fois – me raconte son père – il est sensible à la présence d'autres êtres que les humains. J'aurais donné Afrique et Louvre pour ce moment.

Hasard ou coïncidence ? « Donne-moi la girafe » : il le fait. « Montre-moi la fleur » : ses doigts s'aplatissent sur l'image. « Regarde papa » : il tourne la tête. On sous-estime le bébé. La première fois que ses doigts se sont refermés sur son biberon, nous avons cru, déjà, à une heureuse coïncidence.

Et quand il dira « ma » et « pa », quand il doublera ces syllabes, croirons-nous toujours au hasard ?

Il s'empare de la télécommande, appuie sur les boutons, index pointé. Nous nous extasions. Avec décision il la gobe jusqu'à la glotte.

Quand nous lui lisons une histoire, il sait ce que nous sommes en train de faire : nous tirons de ces pages, de ces lettres et de ces dessins, un discours qui ne s'adresse qu'à lui, identique et renouvelé, et qui demeure dans le livre, indéfiniment accessible. Il nous regarde, il regarde le livre, il est extraordinairement attentif : « sage ».

Bientôt il reconnaîtra le lapin de l'histoire, la vache ou l'éléphant, bientôt il saura jouer avec la représentation. Il ne sait pas encore nous trouver derrière un masque ; mais il rit quand nous faisons mine de lui manger les doigts.

*

Depuis mon absence le bébé est devenu dépendant de sa tétine.

Ou bien : c'est parce qu'il est désormais capable de la prendre et de l'ôter à sa guise. Ses doigts saisissent avec précision l'anneau, il sait viser la bouche, il est autonome.

Parfois il s'obstine à l'enfourner à l'envers. Son visage se crispe. Nous l'aidons. Ses traits se détendent à peine le caoutchouc a touché ses lèvres, son regard se vide : un toxicomane apaisé par sa manie.

Par farce, je la mets dans ma bouche. Il me regarde avec horreur : ce geste est monstrueux, remet en cause tout ce qu'il sait.

À la vue du bébé tétine au bec, le kiné se scandalise : déformation des maxillaires, du palais, des dents à venir, conséquences sur les os du crâne, sur la trompe d'Eustache, sur le canal lacrymal, insomnies, dérives gastriques, troubles salivaires, empêchements neuronaux, somnambulisme, stress ! Apprenant qu'à la crèche chaque enfant a la sienne, il entre en transes. Une fracture idéologique méconnue traverse le monde à cet endroit.

*

Certains fabricants réfléchissent vraiment : il existe des tétines fluorescentes que le bébé peut retrouver, la nuit, sans embêter personne.

*

J'aimais déjà beaucoup le matin : l'odeur du pain et du café, l'air piquant, les idées claires ; la perspective immédiate d'écrire ; le bruit de fond de la radio, les oiseaux dans le peuplier, le temps qu'il fait à la fenêtre.

Maintenant s'y ajoute la touche biscuitée de son biberon au chocolat. L'apothéose du *home sweet home*.

*

La fidélité sexuelle ne m'est pas un but dans l'existence.

Toutefois : les quelques mois où nous avons fait l'amour avec l'idée de faire un enfant

176

– cet amour lourd, à la fois démiurgique et calculé –

le risque de ne pas être *sûre du père*, je ne l'aurais pas pris.

Le spectre le plus terrible que je pouvais convoquer sur un berceau.

★

Une nuit, à la maternité, je suis descendue voir le bébé, il avait – je calcule – à peu près soixante heures en âge ; quand le soleil se lèverait, trois jours de vie.

Par prophylaxie, la puéricultrice de garde l'avait couché sur le dos : une histoire de hanches, ou bien, à trois jours et prématuré de deux mois, l'idée qu'il ne prenne pas de mauvaises habitudes.

Lui, tortue renversée, battait l'air des quatre pattes, cherchait les bords perdus de l'utérus ; et il s'époumonait : un grelot pathétique derrière le plexiglas.

Je suis allée la chercher, c'était la pause, j'étais dans le rôle de l'emmerdeuse inquiète – de la maman : et le taux d'oxygène, qui baissait ? Et l'alarme cardiaque, qui sonnait ?

Moi, je savais qu'il devait prendre des forces. Je savais qu'il devait dormir sur le ventre, se blottir et se rassurer. Elle, elle savait qu'il deviendrait boiteux à faire ainsi la grenouille, elle savait que dans plusieurs semaines, quand il rentrerait chez nous, il faudrait bien qu'il dorme sur le dos, sinon couic! mort subite!

Je suis revenue devant la couveuse. J'ai ouvert la porte, et la chaleur humide est remontée le long de ma manche. J'ai glissé la main sous son dos, et d'un seul geste, sans me soucier des fils, des tubes, des électrodes, je l'ai retourné comme une crêpe. À la seconde il s'est endormi. Les engins se sont tus. Cette nuit-là j'ai compris que c'était moi, sa mère.

*

Mère : infantilisation, culpabilisation, castration. Gnognoteries, gnangnandises, rôtoto. Repli. Névrose. Autisme. Ombilic.

Vierge Marie et Mater Dolorosa. Génitrix.

Maman = Mort : c'est la vulgate en réaction, le cliché répondant aux niaiseries, l'autre sentimentalisme.

178

« Mère » avec « abusive », « famille » avec
« rancie ».

Prendre la liberté, d'inventer, les phrases,
l'amour, la merveille, ce programme de vie,
de désir : être mère.

*

J'éprouve en ce moment de la passion
pour mes parents.

*

À plat ventre sur le parquet, un cube
lui échappe. Il a compris qu'il pouvait se
déplacer dans l'espace, mais il ne sait pas
encore bien comment. Alors il pousse sur
ses mains et glisse, à l'envers, sur la quille
de son ventre, s'éloignant du but d'appui
en appui.

*

Bonheur de retrouver les phrases
d'Hervé Guibert, son journal tout juste
paru, *Le Mausolée des amants*.

« Le moment, le plus beau, le plus inou-
bliable, où nous venons juste de nous allon-
ger côte à côte, de profil, chacun tourné vers
l'autre, le visage si près, et où nous nous
regardons, où nous nous retrouvons, un sourire partout sur le visage, illimité, puis le premier baiser, sentir ses lèvres, sa bouche... »

Instantanément je pense au bébé, à nos
retours de crèche; et je n'en aime que plus
l'écrivain, de dérouter ainsi mes sens, de me
troubler toujours, jusqu'à la gêne.

*

Ma meilleure amie, dans les affres : la
nounou s'est désistée.
Bénie soit la crèche.

*

Cabriole : il tombe du canapé et s'écrase
par terre. Il marque un temps – une, deux
secondes – avant de pousser des hurlements :
comme ces personnages de Tex Avery, mouli-
nant des jambes au-dessus du vide le temps
que l'information leur monte au cerveau.

180

Que l'espace brutalement se creuse, que la surface tranquille sur laquelle il jouait manque ainsi : le choc d'adrénaline doit être à la hauteur de la trahison. Nous le couvrons de baisers ; nous auscultons et caressons la rougeur sur son front ; nous exagérons – pensons-nous – ses souffrances, nous le plaignons avec emphase : pour que dans ce théâtre de la peur et de la consolation il trouve l'assurance que le monde n'est pas un traquenard.

Sans cesse il cherche ; même en mangeant, il éprouve la consistance de la cuillère, de la nourriture, il palpe le biberon, essaie de le saisir – depuis qu'il y parvient il estime d'ailleurs qu'il est plus agréable de se laisser servir.

Explorer le pôle Sud, le fond des mers, l'Amazonie ou Mars, c'est sans doute avoir la nostalgie du tapis de jeu. Un grand carré de couleurs, avec des volets de tissu à soulever, des dômes de mousse qui font couic, des sachets de grains à secouer, des formes qui se révèlent, un miroir sous un cache, un ours à débusquer.

Épuisé par une reptation encore problématique, le bébé se déplace par roulé-boulé ; débordant vite du tapis sur le parquet, et peu soucieux des chocs sur son crâne au rythme de ses retournements. Nous rembourrons les coins des meubles, supprimons la table basse, étalons des carrés de moquette : heureux du saccage, comme si le bébé mettait un ferment d'anarchie dans notre embourgeoisement. Taches, coulures, désordre, déchirures et bris divers : nous avons accueilli chez nous un agent perturbateur dont la présence nous rend euphoriques.

Être tenu debout est son plus grand plaisir. Il pousse sur ses petites jambes, qui se dessinent en cuisses, genoux, mollets, chevilles. Son visage rayonne, il triomphe. Toute occasion lui est bonne : contrarié, grincheux, affamé, il jubile tout de même d'essayer ainsi sa cambrure. Sa silhouette se métamorphose : je vois un petit garçon, je devine l'enfant.

Mis assis, il s'affaisse progressivement : ventre sur les cuisses, nez au sol et front entre les orteils. La position est étonnante. Dans son bain, il se tient au bord de la baignoire, bras écartés, pacha ; s'enhardissant à lâcher une main pour saisir son canard en plastique, que le savon rend farceur.

Rester à plat ventre, il sait faire. Son dos s'est musclé, il tient la pose beaucoup plus longtemps que nous n'en serions capables, s'appuyant sur un seul bras pour porter les jouets à sa bouche avec décontraction. De temps en temps il se repose, joue contre le tapis ; et je dois me faire violence pour ne pas venir l'embrasser.

De retour parmi ses camarades de crèche, il apprend en une journée à lever le derrière et à mobiliser ses hanches pour ramper.

*

J'entends qu'à l'Élysée, pour fêter la victoire de sportifs, on a mangé du poussin.

J'aimerais croire que c'est le snobisme du plat qui m'horrifie ; mais non : c'est la

littéralité du mot, la mise en scène du fan-
tasme : dévorer le bébé.

*

À plat ventre devant la télévision il suit
le mouvement des couleurs, des lumières ;
sa fascination, déjà, est troublante. Il rit des
changements rapides, ne semble pas encore
reconnaître les humains.

Devant des vidéos il est sensible à nos
voix, peut-être à nos visages ; le son de sa
propre voix le laisse interloqué.

Je le détourne des images d'un attentat,
corps en pièces, sang sur la chaussée. C'est
pour moi que je fais ce geste : son insou-
ciance n'a plus rien de charmant.

*

Quand il était très petit, et qu'il tétait
les yeux clos, je savais qu'il s'endormait
quand sa succion devenait tremblement,
une sorte de tic léger, un rêve au coin des
lèvres.

184

★

Quand nous lui interdisons quelque chose – de toucher la tasse brûlante, de taper sur l'ordinateur – nous désignons ce qu'il y a de plus intéressant au monde. Nos offrandes en cubes et ours sont traitées par le mépris : deux cents fois il peut se tendre vers l'objet convoité. Son obstination et sa concentration sont à la hauteur de ce qu'on lui cache : le secret de l'univers, sans doute, la clé de cette série d'énigmes.

★

Le père du bébé partira bientôt plusieurs semaines pour son travail. Il compte se mettre en scène en vidéo pour le bébé : des « bonne nuit » et « je pense à toi » de Nounours à Nicolas. Nos inventions nous attendrissent, pauvres de nous. Un arrangement avec l'absence, voilà ce que c'est, la pater et la maternité.

★

Couvert du même bonnet blanc dont était coiffé le bébé (un tube de coton stérile fermé par un sparadrap); glaireux, rougeaud, l'air exténué; assis sur une main aussi grande que lui; tête écrasée, joues boursouflées, yeux enfoncés; cordon gélatineux torsadé sur une pince; lamentable et comique, pâteux et merveilleux, beau comme une apparition : un nouveau-né photographié par Nan Goldin.

*

Axiomes et proverbes :

Naître n'est pas le contraire de mourir.

Naître ne se mesure ni ne se punit : mourir n'en est pas la conséquence.

Naître est une chance à saisir : la seule.

Le bébé est immortel, comme son père, comme moi.

*

Désormais il mange, en bouillie, de la viande et du poisson. Sa merde prend des puanteurs nouvelles.

Il fait ÂÂÂ sur la cuillère et BRRR en pulvérisant la nourriture.

Il souffle dans le biberon comme dans une trompette.

Une dent lui pousse.

Hier, à l'appel de son nom, il a tourné la tête.

Il commence à tendre les bras ; à donner les objets.

De première fois en première fois, laquelle marque un passage, laquelle marque un début, une fin ?

*

« Il faudra garantir aux clones un statut d'être humain à part entière. »

Que la précision soit nécessaire, voilà qui promet de nouveaux désagréments.

Neuf mois après la naissance du bébé, son origine, quant à moi, s'est perdue. Colis postal, météorite, cellule clonée, chimère venue à la vie, la boucle d'ADN qui le fonde reste étrangère à mon intuition. Sa part de gènes n'a aucun lien avec son existence. Un moment d'amour incarné ; la mer, le clapot, le soleil d'une fin d'été : des clichés qui ont pris corps. Il les laisse sur place, dans nos mémoires : souvenirs qui ne le regardent pas.

Ce que je sais peu à peu de lui n'est nourri que des tâtonnements qui nous rapprochent. Il est fait de mots et de temps, de chair, d'élans. Aucun programme ne le code ; aucun désir n'a décidé de ce qu'il est.

★

TABLE

Achevé d'imprimer en octobre 2004
dans les ateliers de Normandie Roto Impression s.a.s.
à Lonrai (Orne)
N° d'éditeur : 1765
N° d'imprimeur : 04-2821
Dépôt légal : octobre 2004

Imprimé en France

toujours pas embauché de baby-sitter : tous les parents connaissent la rumeur, de ce couple découvrant dans le berceau le poulet du dîner, et le bébé – où, le bébé? – cuit à point dans le four.

Dangers objectifs : prises électriques, objets lourds qui basculent, objets coupants s'ils se brisent, petits objets qui s'avalent, produits toxiques, sources de chaleur. Plus tard, calmement, quand il commencera à ramper, nous essaierons d'envisager l'appartement, non avec les yeux fantasmés de la mort, mais avec les siens, explorateurs : un terrain de jeu vu d'une hauteur de soixante-dix centimètres.

*

Les puéricultrices de la crèche nous réclament un appareil photo jetable pour immortaliser les rires du bébé. « Il n'y a que lui pour faire comme ci, pour être comme ça ».

(Plus tard je découvre que tous les bébés de la crèche ont leur appareil photo.)

★

Je lui prépare une purée de légumes, carottes nouvelles et rates du Touquet, en pelant bien, en grattant bien, en goûtant : c'est délicieux. Il ouvre la bouche en confiance, il a faim ; puis me regarde comme si je voulais l'empoisonner. Deux chandelles jaune-orange coulent aux coins de ses lèvres. Un dégoût radical se lit sur son visage, mais il me considère sans animosité : sans doute me suis-je trompée, cette chose ne peut pas être comestible. J'insiste. Il ouvre la bouche au maximum, émet de curieux bruits de gorge, et vomit posément le peu qu'il a avalé : il n'est pas question que cette substance reste une seconde de plus dans son corps.

★

En le cherchant du regard à la crèche, je vois un bébé qui lui ressemble. Il n'est pas habillé de la même façon, je guette les rayures de ce matin, celui-ci est en bleu. Je passe plusieurs fois devant lui, mon fils, sans

158